세계를 움직인 열두 차인의 다담

世界의 茶人

최석환 지음

茶의 세계

우리 시대를 이끌어 온
열두 차인의 삶과 철학을 말하다

　세상 밖으로 차나무가 모습을 드러내면서 차와 사람의 관계는 어울리기 시작했다. 그 시기를 대략 5천 년으로 이야기한다. 차를 이야기하면서 서한 말에 차를 끓이고 세척하기 시작한 왕포(王褒)를 시작으로 갖가지 담론이 쏟아졌다. 그 뒤 육우가 나와 《다경》을 쓰면서 차에 대한 갖가지 궁리를 하기 시작했다.

　대렴이 중국에서 차씨를 가져와 차가 신라로 건너온 뒤 신라사회에서도 많은 사람들이 차를 앞에 놓고 이야기하기 시작했다. 차가 한반도를 거쳐 다시 일본으로 전해지고, 그 뒤 조선 시대로 접어들면서 초의가 나와 〈동다송〉을 저술하면서 차는 사람과 사람을 이어주는 가교 역할을 하기 시작했다. 비로소 초의에 의해 중정(中正)이라는 말이 생겼다. 이후 일본은 센리큐가 나와 차가 유파로 형성되면서 면면히 이어졌다. 불맥, 유맥, 도맥이 있듯이 다맥이 이때에 형성된 것이다. 그밖에도 수많은 차인들이 차와 사람의 관계를 유지해오면서 수천 년 동안 진화를 이뤘다.

오랜 세월 동안 차와 사람의 관계를 아름답게 이어간 이는 누구인가. 여기에 한 · 중 · 일 · 대만의 차인 열두 명의 삶과 철학, 차의 정신을 한 폭의 수채화처럼 담아냈다. 이 책은 그동안 월간 〈차의 세계〉가 차인과의 대화를 통해 우리 시대 차인들의 면모를 온전히 복원하는 것을 첫 번째 목표로 삼은 데서 기획되었다. 그리고 세계의 대표적인 열두 차인의 사상과 정신, 철학을 담아낼 수 있었다.

먼저 초의의 다풍을 이어 온 입적한 서옹 선사, 현 백양사 방장 수산 스님을 통해 고불총림의 다풍을 그리려 했다. 고 김미희 선생은 1970년대 말 일본 차인의 "한국에도 다도가 있느냐"는 물음에 차를 연구하기 시작했다. 그 뒤를 이은 김의정 명원문화재단 이사장은 서울시 무형문화재 궁중다례 보유자로서 허베이성 백림선사 한중우의조주고불선차기념비 건립에 공헌한 공적으로 세계의 차인 반열에 들어섰다.

차가 시작된 중국의 차인으로는 조주의 정신을 이어간 중국불교협회 회장이신 일성 스님과 백림선사 방장을 지낸 정혜 스님, 살아있는 다성으로 추앙받고 있는 장천복, 중국 저명 차 연구가인 구단을 선정하였다.

일본 차인으로는 5백 년간 이어온 센리큐 유파의 마지막 법손인 오모테센케 히사다쇼야 쇼우세이와 우라센케 센겐시츠 전 15대 이에모토를 선정하였다. 그밖에 도자기 비평가 타니아키라가 세계 차인 대열에 포함되었다.

대만의 경우, 삼천대천세계에 차향이 널리 퍼지기를 바라는 성운 대사의 염원을 담고 있다. 성운 대사는 인간불교를 제창한 차인이다. 반연구는 도가의 다맥을 이어오면서 유 · 불 · 선을 차로 회향하려는 정신을 담아낸 공적을 높이 평가하여 세계 차인 대열에 합류케 되었다.

열두 차인의 정신과 사상, 철학을 담아낸 《세계의 차인》에 위와 같이 열두 차인의 육성을 실을 수 있었던 것은 2002년 월간 〈차의 세계〉를 창간하면서 저자가 차인과의 대화를 〈차의 세계〉에 소개했기에 가능한 일이었다. 그 뒤 한 권의 책으로 묶어달라는 많은 다우들의 요청을 차마 물리칠 수 없어서 우리 시대 세계의 차인을 한 권으로 상재케 되었다. 참고로 1980년대 초 아무것도 모르고 차계에 입문한 필자가 이처럼 벅찬 즐거움과 기쁨을 누릴 수 있었던 것은 차를 만난 인연에서 비롯되었다.

5천 년 전 차가 시작된 이래 동아시아를 아우르는 우리 시대를 대표하는 열두 차인의 육성을 생생하게 담아낸 것은 한국 차계의 또 하나의 이정표라고 말할 수 있겠다. 이 책을 출간하기까지 격려를 아끼지 않은 세계의 다우들과, "찻잎이 한 잎 두 잎 모여 향기를 낸다"며 필자를 늘 격려를 해준 중국 저명 차 연구가 구단 선생께 감사를 드린다. 뒤에서 늘 격려해 준 명원문화재단 김의정 이사장께도 감사를 드린다.

귀중한 시간과 말씀을 아끼지 않은 세계 열두 차인이 있었기에 이 책이 나올 수 있었다. 그 분들에게 이 책을 바친다. 책을 출간하면서 다맥을 묵묵히 이으며 차를 생명처럼 여기고 살아가는 후학들에게 대담 외에 연보와 사상을 추가로 남기면서 열두 차인의 사상과 정신을 온전히 되살리려 노력했다. 아무쪼록 이 한 권에 담긴 차의 철학과 정신이 세상을 밝히는 봉화수(烽·火·水)가 되길 간절히 바라면서 인연을 맺어준 다우에게 두 손 모아 감사드린다.

아름다운 찻잎이 솟아나는 곡우를 맞아
2008년 5월 최석환.

차
례

003 저자의 말 | 우리 시대를 이끌어 온 열두 차인의 삶과 철학을 말하다

한국의 차인

008 서옹 선사 | 차별 없는 참사람 실천해 온 우리 시대 참스승

　　1. 끽다도(喫茶道)의 정신 이어 온 한국의 선승 서옹 선사
　　2. 참사람[無位眞人]

026 수산 스님 | 반선반농을 실천하며 선종차 지켜 온 수산 스님

　　1. 한국의 다선일미 정신을 올곧게 지켜 온 수산 스님
　　2. 구증구포(九蒸九曝), 전통 우리 제다법(製茶法)이다

042 김의정 | 한국의 다례를 체계화하고 차문화 중흥에 앞장서다

　　1. 차는 곧 문화(文化)이고 예(禮)이다
　　2. 동서양의 차와 문화를 말하다

중국의 차인

066 일성 스님 | 다선일미의 전통을 이어 온 중국선종의 대표적 선승

　　1. 농선병행 정신으로 다선일미(茶禪一味)의 정신을 지켜 온 일성 스님
　　2. 중국선종, 《백장청규》를 받들어 농선병중을 실천했다

084 정혜 스님 | 조주의 茶 세계를 가다

　　1. '끽다거'는 절대자유에 이르는 길
　　2. 평상심의 도에서 차와 선이 만나다
　　3. 선차(禪茶)의 오묘한 정신을 세계에 전하자

106 구단 | 한 잎의 찻잎이 모여 사람의 마음을 이어준다

　　1. 하나의 찻잎이 모여 수많은 찻잎을 이루듯 차가 널리 퍼지길
　　2. 한문화권(漢文化圈) 선차의 융합과 발전

126 장천복 | 검·청·화·정 속에 행복한 차의 길이 있다

    1. 차계 태두가 들려주는 행복한 차인의 길은 한없는 검(儉)·청(淸)·화(和)·정(靜) 속에 담겨 있다
    2. 중국 다예에 담긴 '검(儉)·청(淸)·화(和)·정(靜)' 정신

일본의 차인

142 센겐시츠 | 차를 통해 화평의 길을 연 우라센케 전 15대 이에모토

    1. 서로 공경하고 배려하는 마음속에 평화의 길 이룩된다
    2. 다도는 자신의 진심을 드러내고 표현하는 것

158 히사다쇼야 | 일본 다도의 정신은 와비차로부터

    1. 히사다쇼야 쇼우세이에게 듣는 일본차 정신 와비차 정신으로 되살아나다
    2. 오모테센케 센쇼자이(千宗左) 이에모토(家元)의 《다도 12월》 중에서 〈봄의 차〉

174 타니아키라 | 동아시아 도자 속에 흐르는 차문화의 향기

    1. 일본의 대표적 차 박물관 노무라미술관에서 동서양의 차를 만난다
    2. 일본 다도(茶道)문화의 특징

대만의 차인

190 성운 대사 | 삼천대천세계를 차 한 잔에 담고

    1. 삼천대천세계에 법수(法水)처럼 흐르는 다선일미(茶禪一味)
    2. 불교(佛敎)와 다도(茶道)
    3. 차(茶)와 선(禪)을 하나로

216 반연구 | 선다도를 이어 온 큰 스승

    1. 선다도(仙茶道) 정통 맥 이어 온 다선(茶仙) 반연구(潘燕九)
    2. 선다도(仙茶道)의 발원지, 무이산과 불로장생을 주장한 도교의 차

238 발문 | 차와 문화를 이야기한 《세계의 차인》·공종원

전 고불총림 백양사(白羊寺) 방장

서옹(西翁) 선사

차별 없는 참사람 실천해 온
우리 시대 참스승

서옹(西翁)

1912년 충남 논산 출생 1932년 전남 장성 백양사 만암 선사 문하에서 득도 1935년 중앙불교전문학교 졸업 1941년 일본 도쿄 임제대학 졸업 1962년 도쿄대학 대학선원장, 동국대학교 선학원장 1964년 도봉산 무문관, 동화사, 백양사, 봉암사 선원조실 역임 1974~1979년 대한불교조계종 제5대 종정 1974년 스리랑카 국립 푸리베니아대학 명예철학박사 1996년 고불총림 백양사 방장 1998년 제1차 무차선회(無遮禪會) 개최 2000년 제2차 '참사람 무차대법회' 개최 2003년 법납 73세, 세수 92세로 좌탈입적(坐脫入寂)

저서
1974년 《임제록연의》 1988년 《절대 현재의 참사람》(불교영상회보사) 1998년 《서옹 선사 법어집》 1, 2 2002년 《임제 스님 말씀 차별 없는 참사람》

끽다도喫茶道의 정신 이어 온
한국의 선승 서옹 선사

　'차나 한 잔 드시게'로 연원이 된 '선다일미(禪茶一味)'란 말이 일본차의 대명사처럼 내려오지만, 사실 한국차 정신 속에 선차 정신이 녹아 있음을 발견하게 된다. 그 이유는 최근 우리 차문화계에 선차문화의 붐이 일어나면서 선차행다법(禪茶行茶法)이 전국적으로 확산되고 있어 주목받고 있기 때문이다. 그러한 때에 선다일미 정신을 면면히 이어 온 선승을 차인들은 기다려 왔다. 그 대표적 다승이 고불총림 백양사의 방장 서옹 선사이다.

　서옹 선사는 만암(曼庵) 선사로부터 인가를 받아 온 뒤 임제정맥을 이어 온

※ 이 글은 2002년 백양사 염화실에서 나눈 다담(茶談)을 정리한 내용이다. 서옹 선사는 다담을 나눈 1년 뒤 열반에 드셨다.

우리나라의 대표적 선지식인으로 일제강점기 말 일본으로 유학, 교토의 임제대학에서 교학을 이수했고 임제종 총 본산인 묘심사 선원에서 3년간 수선안거를 성만한 이래 백양사를 무대로 참사람 결사를 주도해 오고 있다.

한국의 임제로 알려진 서옹 선사는 만암 선사의 다선맥을 이어 와 차별 없는 참사람[無位眞人]의 진리를 사방에 펼치고 있다. 서옹 선사는 한국선종의 큰 물줄기로 경허로부터 발원하여 만공(滿空)·용성(龍城)·한암(漢巖)·학명(鶴鳴)·만암(曼庵)을 거쳐 조사선(祖師禪)을 크게 떨치고 있다. 대체적으로 다선일미를 말할 때 일본 다도를 연상케 되는데 이유인즉, 거의 500년간 센리큐(千利休)에 의해 일본 다도를 정립해 왔기 때문이다.

반면 한국차문화는 어떠한가. 우리 차문화는 80년대부터 일어나기 시작하여 거의 30년 안팎의 역사를 지니고 있다. 그러한 까닭에 자연히 차가 정신문화로 거듭 태동하지는 못했다. 그러나 산사(山寺)에서 그 맥을 이어 오고 있으니 한국차문화의 자존심을 일깨우게 하는 것이다. 서옹 선사는 만암 선사로 이어 온 백장청규 의식을 그대로 이어 가고 있었다. 학명 선사의 반선반농에서 출발, 만암 선사가 그 정신을 이어 차를 통한 거량이 보편화되었던 화두가 백양산문의 가풍처럼 면면히 이어 왔다고 밝힌 바 있다. 그러나 우리를 놀라게 한 것은 서옹 선사가 종정으로 계실 때 일본 NHK기자와의 문답에서였다.

일본 NHK기자가 대흥사로 서옹 선사를 찾아왔다. 그때 그 기자는 "한국에 다도가 있습니까"라고 물어왔다. 이때 스님은 한마디로 "한국에 다도가 없습니다"라고 대답했다. 그 기자는 '150년 전에 초의 선사의 다도는 어디 가고 왜 없다고 했는가' 라고 의문을 가졌는지, "왜 한국에 다도가 없습니까?"라고 재차 물었다. 이때였다. 서옹 선사는 일갈했다.

"우리에겐 일본식의 다도는 없습니다."

서옹 선사는 차를 돌려 마시면서 허구에 가득찬 인사치레를 하는 일본식 다도는 없다고 말했다. 그때 그 기자는 무릎을 꿇고 서옹 선사에게 삼배를 하고 물러섰다는 일화가 전해 온다. NHK기자와 나눈 문답이 있은 지 20년이 지난 뒤 모처럼 서옹 선사의 차와 선의 세계를 살펴보기 위해 2002년 백양사를 찾았다.

방장실로 들어서니 서옹 선사가 반갑게 필자를 맞이했다. 시자 호산 스님이 차를 달여 왔다. 이때였다. 서옹 선사는 조주 선사의 화두인 끽다거를 들려 주면서 참사람운동을 통해 우리 차문화계가 걸어갈 방향을 제시했다. 서옹 선사의 〈참사람 결사문〉에는 이렇게 전한다.

"자각한 모습인 참사람은 유물(唯物)에도 유심(唯心)에도 무의식에도 구속 받지 아니하며 전연 상(相)이 없이 일체상을 현성(現成)하나니, 현성함으로써 현성한 것이나 현성하는 자체에도 걸리지 아니하며 공간적으로도 광대무변한 세계를 형성하고 시간적으로는 영원무한한 역사를 창조하는 절대주체의 자각, 그것이 바로 참사람 운동입니다."

서옹 스님은 차별 없는 참사람이야말로 다도의 정신이라고 말했다.

만나 뵙게 되어서 반갑습니다. 스님께서는 학명·만암 선사의 다선 정신을 이어오고 계시지요. 백양사의 다선 전통은 어떠합니까.

"백양사의 다선 전통은 학명 선사의 반선반농(半禪半農)의 정신을 이어 백양산문(白羊山門)의 정신적 기반이 되었습니다. 이 백양산문은 근세의 고승 진묵·학명·만암 선사 등에 의해 다선일여의 정신으로 차와 선은 한 길이라고 주장해 왔습니다."

최근 우리 사회에서 '선다일미'라는 말을 많이 씁니다. 이 말의 뜻은 무엇입니까.

"선다일미로 일컬어지는 다선일미란 말이 일본 다도에서 나온 말이라고 생각하는데 그것은 크게 잘못된 생각입니다. 다선일미란 원래 선종 제1보서인 《벽암록》을 저술한 원오극근 선사가 후난성 협산사에 수행하고 있을 때 일본인 제자에게 써 준 네 글자로 이루어진 진결(眞訣)로 일본 나라(奈浪)의 다이토쿠지(大德寺)에 수장된 후부터 마치 일본차의 정신인 양 말하고 있는 것입니다. 다선일미란 원오극근 선사의 가르침인데 뒷날 무라다 쥬코우가 다선일여(茶禪一如)를 들고 나오면서 일본 선차의 정신으로 떠받들어 왔었지요. 다선일미란 선과 차가 한길이라는 뜻입니다."

최근 차인들 사이에 차(茶)가 너무 종교적으로 빠져 든다고들 합니다. 차와 불교는 어떤 관련이 있습니까.

"차는 참선에서 나왔습니다. 끽다거니, 화(和)·경(敬)·청(淸)·적(寂)이니, 그런 말들이 선승들의 화두입니다. 깨우치는 방법을 제시한 것이 오늘날 다도가 보편화되면서 유행하게 된 말들입니다."

최근 차인들 사이에 '다도삼매'라는 말을 많이 합니다. 차가 문화의 중심에 서 있다고 보십니까.

"차는 문화(文化)입니다. 선이 시작된 중국에서는 대개 선방에서 차를 많이 마시고 일본에서도 선방에서 스님들이 수행자들에게 다도를 가르치지요. 특히 일본에서는 다도와 참선이 연관이 깊습니다. 그래서 차를 마실 때는 조용한 곳에서 걸음걸이도 조심하지요. 일본 다이토쿠지를 찾게 되면 얼마나 차와 불교가 깊은 연관이 있는지를 깨우치게 될 것입니다. 특히 일본 사람들은 가정이나 직장생활 모두에서 다도를 온몸으로 실천하지요. 다도에서는 문필(文筆) 잘 쓰는 글씨보다 참선의 바탕에서 나온 선필(禪筆)·도필(道筆)을 높이 쳐줍니다. 글씨를 보면서 차를 마시는 풍습, 그런 광경은 일본 차실에서 쉽게 볼 수 있지요. 일본은 다도를 중심으로 문화를 크게 발전시키고 있습니다. 잘 아시는 바와 같이 일본 국보 사발인 이도다완(井戸茶碗)이 조선의 막사발이듯 그들은 차문화가 일천한 관계로 남의

나라 문화를 자기 것으로 만들려고 부단히 노력합니다. 사실 일본에 차문화를 전한 것은 우리인데 오히려 일본이 전통을 발전시키고 있어요."

　최근 한국 사회에도 음다 인구가 100만 명에 육박하고 있습니다. 차를 마시면 건강에 좋습니까.

　"차는 건강에 좋습니다. 그리고 머리도 맑아지므로 차를 즐기는 인구는 점차 늘어날 거라고 생각합니다."

　'다도'란 도대체 무엇입니까.

　"다도는 인간의 근원이 어딘가 하는 물음에서 시작합니다. 즉 인간을 초월한 인간의 참모습, 그 자체를 도라고 하는데 그 바탕에 다법을 두고 차를 마시는 것입니다. 다(茶)에 도(道)를 붙임으로써 인간의 근원, 인간을 초월한 절대근원의 바탕에서 행하는 것이 참선입니다. 다도라고 말하는 것은 도를 바탕으로 하는 차문화라고 생각합니다. 일본은 이를 다도라고 말하지요."

　일본 다도의 특징은 무엇입니까.

　"사실 말차는 우리나라의 고유차인데 지금은 일본차의 전유물처럼 되어
버렸지요. 일본은 선(禪)바탕에서 작법을 하는데 일본차의 정신이 거의 선
승들로부터 시작되었습니다. 무라다쥬코우, 잇큐, 에이사이 선사 등 선승
들이 일본 다도 정립의 주류를 이루었습니다.

　우리 차문화가 정신문화로 거듭나려면 어떤 생각을 가져야 합니까.

　"앞으로 우리 차문화 운동이 확산되려면 차가 행다나 의식에 치우치지
않고 정신문화로 거듭나야 합니다. 아직 우리 차문화는 시작입니다. 깊은
선의 바탕에서 차를 생활화시키면 한국의 다도는 큰 발전을 이룰 수 있으
리라고 기대합니다."

　한국에 사라져 버린 줄만 알았던 선종 다도의 역사를 서옹 선사를 통해 새
롭게 되짚어 보았다. 큰스님은 학명·만암 선사로 이어지는 고불총림 백양사
의 다선가풍을 이어 왔고 반농반선을 통해 잊힌 선종의 노동정신을 부각시키
고 있다. 차와 선은 한 맛이라고 말하는 서옹 선사는 선차의 길은 조용한 바
탕에서 다도를 행하듯 앞으로 차문화가 많은 발전을 이룰 것이라고 전망했
다. 서옹 선사는 오직 절대자유의 경지에서 마음을 고요히 하여 차 한 잔을
들 때 그 자리는 우주가 녹아난다고 말하였다. 91세의 노선승의 해맑은 얼굴
이 찻잔처럼 부드럽게 다가온다.

참사람 無位眞人

尨眉緇衲一癡僧	삽살개 눈썹 검은 누더기의 한 어리석은 중이
倚杖隨溪步自能	지팡이에 의지하여 시내를 따라 걸음이 스스로 능하도다
看到雲烟醒又醉	운연을 관망하니 깨고 또 취하고
翫弄神變錯還增	신변을 놀려 희롱하니 어긋남이 도리여 더하도다
金風暗換楓初紫	금풍(가을바람)이 가만히 단풍을 처음 붉음으로 바꾸고
秋月方明水愈澄	가을달이 바야흐로 밝으니 물이 더욱 맑도다
凡聖都忘閑吹笛	범과 성을 모두 잊어버리고 한가히 젓대를 불며
倒騎須彌任運登	거꾸로 수미산을 자유자재로 오르도다.

이제 마침 천고(天高)의 계절이라 단풍은 물들어 가고 달은 밝아서 참으로 좋은 시절이라 하겠습니다. 참된 불자(佛子)라면 영원한 현금(現今)의 자유자재한 참사람으로 살도록 해야겠습니다.

불교는 원래 인도의 브라만교(Brahmainism)를 초월해서 인간 본래의 참

※ 서옹 선사의 《절대 현재의 참사람》에 실린 법어.

모습을 구경적(究竟的)으로 밝혀 인생 문제를 완전히 해결했습니다. 그런데 그 깊은 불교의 근원을 역사상 가장 철저하게 실천해 온 것이 선입니다. 그러므로 선은 불교의 종교적생명체(宗敎的生命體)라고도 할 수 있고 교(敎)를 초월하여 그 근원에서 자유자재한 참사람의 종교라고도 할 수 있는 것입니다.

선의 큰 뜻은 망식(妄識)을 탈각(脫却)하고 참된 자아(自我)를 스스로 깨닫는 데 있습니다. 우리가 '나' 라고 생각하는 자아는 '참나' 가 아닌 망식으로 얽혀 있는 고통스럽고 허망하며 분열(分裂)과 불안(不安)을 가져오는 아집(我執)입니다. 그러므로 이 한정된 자아의 무명(無明)을 깨뜨리고 참다운 인간상을 구현해야 겠습니다.

가끔 참선공부(參禪工夫)하는 사람들이 "자신이 정말 바르게 참선을 하고 있는지 알 수 없다"고 하는데 참선공부만큼 분명한 것도 없음을 알아야 합니다. "참선, 참선"하니까 모두 어렵고 특별한 종교수행(宗敎修行)으로 알고 있는데 참선이란 욕망과 아집으로 뭉쳐진 삶을 근원적으로 비판, 탈각해서 진실하고 자비롭게 살자는 것입니다.

가령 쉽게 심리학적으로 말하자면 우리는 모두 각 개인의 주관적인 틀에 맞추면서 살아가고 있습니다. 보통 우리의 현실은 지식이나 분별작용인 자기 주관으로 뭉쳐 있어서 삼라만상을 하나의 근본생명체로 깨닫고 보는 전인간적(全人間的) 입장이 아니라 그때그때의 도구적 필요에 의해서 파악되는 지극히 협소한 개인의 주관적인 분별의 투영(投影)인 것입니다. 또한 서양의 철학은 인간의 일면, 즉 이성(理性)이 아니면 욕망이라는 한 단면을 가지고 인생 문제라든가 세계관을 다룹니다. 그러나 선은 인간을 그 일면적(一面的)으로 보는 것이 아니라 인간을 전체적(全體的)으로 깨달아서 이성, 감성을 초월하면서 이성적, 감성적으로 작용하는 전인간적인 것입니다.

또 어떤 사람들은 주관적인 분별이 끊어진 경지가 선의 구경이냐고 묻기도

하는데 그렇지 않습니다. 의식분별이 끊어진 심층에서 작용하는 아뢰야식(阿賴耶識) 역시 우리들의 현행의식(現行意識)으로 축적되어 형성된 것이기 때문에 진실을 그대로 인식하는 능력을 가진 것이 아닙니다. 보통 학문이나 사상은 이러한 현행의식이나 아뢰야식으로 이루어지는데 아무리 철학적으로 체계가 이룩된 진리라고 하더라도 범위가 넓어지고 깊어지면 체계가 깨지고 맙니다. 그래서 늘 새로운 학문이나 철학체계가 생겨나지만 인간의 근본 문제인 본래면목을 참구하는 바른 길이 아닌 것입니다. 왜냐하면 인간 본래의 참모습은 의식과 무의식을 초월한 하나의 우주적생명체(宇宙的生命體)이기 때문입니다. 이렇듯 참선은 모든 분별적 지성(知性)·사고(思考)·무의식(無意識)마저 철저하게 탈각해 버린 참사람을 깨닫는 것입니다.

선과 악, 존재(存在)와 비존재(非存在), 이성(理性)과 반이성(反理性), 물질(物質)과, 마음[心] 등의 상대적(相對的)인 이율배반(二律背反)을 더욱 근원적으로 비판하면 모든 가치(價値)와 사유(思惟)의 근저(根底)에는 절대이율배반(絕對二律背反)이 놓여 있습니다. 이것은 현대의 이성적 입장에 있는 현대적 인간의 한계입니다. 그러나 참사람은 본래로 모든 이율배반적 한정(限定)을 초월한 사람이며 마침내 시로 각(覺)했다는 것도 없이 본래로 참사람인 것입니다. 이 참사람은 본래로 불생불멸(不生不滅)하여 시·공간에 한정됨이 없으며 본래로 청정무염(淸淨無染)하고 자유자재하여 형상(形象)이 없으면서 일체형상(一切形象)을 창조하는 것입니다. 선은 이율배반적 인간이 진실한 자기, 참사람으로 돈연(頓然)히 전환(轉換)하므로 무명번뇌(無明煩惱)를 일단(一斷) 일체단(一體斷)하는 것입니다.

그래서 선은 과학적 지성(知性)과 생(生)의 충동(衝動)까지도 보편적이고 자주적인 정위(定位)를 지시해서 적극적인 대기대용(大機大用)의 역사를 실현하는 것입니다. 임제 스님 같은 이는 경전을 탐구하다가 문자언어(文字言語)는 약방문(藥方文)에 불과하다는 걸 깨닫고 참선을 하셨는데, 이것은 어떤

것이 객관적이고 보편 타당성이 있게 인생의 문제를 실지로 해결하는 것이냐를 우리에게 되묻고 있는 것입니다. 참선은 맹목적으로 그저 따르라는 교조주의(敎條主義)가 아니기 때문에 자신이 실지로 해봐서 깨달아야만 하는 것입니다.

이 참선공부를 바르게 하려면 화두(話頭)를 간절히 참구(參究)해야 하는데 화두를 참구한다는 것은 자신의 전생명체가 지적인 의식을 초월해야 합니다. 화두를 참구하는 의단(疑團)에 자기의 전존재(全存在)가 통일되고 또 긴장되어서 마치 100m 달리기에서 '탕' 하는 신호를 시작으로 달리는 순간처럼 몸과 마음이 한 생명체가 되어야 하는 것입니다.

이렇게 화두를 참구하며 더욱 순일(純一)하게 정진(精進)하면 의식분별(意識分別)이 끊어진 은산철벽(銀山鐵壁)의 상태가 됩니다. 그리고 화두가 분명하면서도 더욱 명백히 들어나며 의식의 기멸(起滅)이 없어져 버립니다. 선을 깊이 수행하면 그런 경지가 실제로 있습니다. 의식의 기멸이 없어진 상태지만 혼침(昏沈)에 떨어지지 않고 소소영영(昭昭靈靈)하게 화두와 의단이 일체가 되어 무의식(無意識)의 차원(次元)까지도 뚫고 나가게 되는 것입니다.

이 궁극적인 경지에 도달하면 절대이율배반이 해체(解體)되어 청정(淸淨)해서 일물(一物)도 없되 산은 이 산이요, 물은 이 물인 경지로 전환하는 것입니다. 그러나 여기서 앉아 머물면 조사문(祖師門)을 투과한 것이 못 됩니다. 여기를 돈연(頓然)히 투과(透過)하여야 견성(見性)하여 정안(正眼) 종사의 정법안장(正法眼藏)을 깨닫는 것입니다.

엄밀히 말하자면 견성(見性)이나 자각(自覺)이라고도 할 수 없습니다. 본래면목(本來面目) 자체가 진실로 본래 그대로 있는 것입니다. 간절하고 진실한 발심(發心)이 없고 참선공부를 실지로 해보지 않으니까 참선이 어렵고 모르겠다고 하는 것일 뿐 이 본래면목은 인간 존재의 근원적 주체성이며 참된 모습입니다.

또 불성(佛性)은 인간의 마음에 내재(內在)하지만 현실과 다르다고 해서 내재적초월(內在的超越)이라고 신비주의적(神秘主義的)인 주장들을 하는 이도 있습니다. 그러나 참사람은 내재하는 것도 보통의 현실에 외재하는 것도 아닙니다. 참사람은 바로 현금(現今) 또는 절대현재라고 합니다. 참사람은 시간과 공간을 초월한 근원적인 주체가 되어 모든 피동적(被動的)인 자기상실(自己喪失)을 극복한 자유자재한 인간 본래의 참모습인 것입니다.

이 인간의 참모습 그것을 선이라고 하는 것이니, 끝으로 선법문(禪法門)을

눈 덮힌 백양사
차밭.

간단히 하겠습니다.

세존에게 어떤 외도가 묻되 "말 있음을 묻지 않고 말 없음을 묻지 않습니다"하니 세존께서 잠깐 잠자코 있으시다. 외도가 찬탄하여 이르되 "세존께서 대자대비하시와 저의 미혹의 구름을 열어주셔서 저로 하여금 깨달아 들게 하시도다." 외도 떠나간 후에 아난이 부처님께 묻되 "외도

가 무엇을 증득했기에 깨달아 들었다 하나이까?"하니 부처님께서 말씀
하시되 "세간의 좋은 말은 채찍의 그림자만 보고도 달리는 것과 같으니
라"하였다[世尊이 因外問하되 不問有言하고 不問無言아니다. 世尊이 良
久하시니 外道讚歎云 世尊大慈大悲하사 開我迷雲하야 令我得入이로다.
外道去後에 阿難이 問佛云 外道有何所證而言得入이닛고 佛言하사대 良
馬가 見鞭影而行이니라].

　설두현 송, 기륜이 아직 굴리지 아니하나 굴리면 반드시 두 쪽으로 달
리네. 명경이 대에 임하니 당장에 곱고 추함을 나눔이여, 미혹의 구름이
열리니 자비의 문에 어디에 티끌이 일겠는가. 좋은 말이 채찍 그림자 엿
보는 일을 생각하니 천리 바람 쫓는 말 불러 돌아오도다. 불러 돌아옴이
여 손가락을 세 번 튕기도다[雪竇顯頌 機輪이 曾未轉이나 轉醜分兮迷雲
開라 慈門何處生塵埃오 因思良馬 窺鞭影하니 千里追風喚得廻로다 喚得
廻여 鳴指三下로다].

　착어(着語)
　소년 시절에 용과 뱀의 싸움을 결판하고 늙어 멍청해서는 도리어 아이
들과 함께 노래 부르도다[少年에 曾決龍蛇陳하고 老倒還同稚子歌로다].
　각별히 말하노니 돌 부딪친 불속에서 승부가 나뉘니 무쇠말을 거꾸로
타고 수미산에 오르도다. 할[別別. 石火光中分負하니 倒騎鐵馬上須彌로
다 喝].

고불총림 백양사(白羊寺) 방장

수산(壽山) 스님

반선반농을 실천하며
선종차 지켜온 수산 스님

수산(壽山)

1922년 전남 장성 출생 1940년 19세에 백양사를 찾아 이듬해 법안 스님의 위패상좌가 되어 부전을 살며 강원을 이수 1943년 비구계 수지, 이후 만암 스님을 시봉하고 전법계를 받음 1957년 완도 신흥사, 부안 개암사, 백양사 주지 역임 1975년 불갑사에 주석 1986년 조계종 원로의원 추대 1992년 학교법인 정광학원 8대 이사장 역임 2004년~현재 고불총림 백양사 방장.

한국의 다선일미 정신을 올곧게 지켜 온
수산 스님

21세기 우리에게 던져진 화두는 아무래도 끽다거인 것 같다. '끽다거'라는 화두는 1200년 전 조주 선사가 설파한 화두로 절묘하게 선과 접목하면서 선차문화의 한 장르로 정착하기에 이르렀다. 선가에서는 차 마시는 일을 다반사로 여겨 왔다. 선승들이 일상생활에서 차 마시는 일이 깨달음과 직결되면서 선차는 천 년간의 생명력을 지니게 되었다.

중국선종에서 행하고 있는 보차회와 달리 우리 선가에서는 차 마시는 의식이 조선왕조 이후 사라지고 대신 차문화계로 파급되어 행다 중심으로 발전되면서 본래 선종의 정신세계와는 다소 멀어져 왔다. 이러한 때에 백양사 선다법을 지켜 온 수산 스님을 찾아 그의 육성으로 선차

선종차의 산실
불갑사.

문화의 정신세계를 오늘에 복원하고자 한다.

수산 스님을 만난 것은 2001년 봄 곡우 전후였다. 찻잎의 새순이 막 올라올 즈음 스님이 주석하고 있는 전남 영광의 불갑사(佛甲寺)를 찾았다. 만암 선사의 자취를 취재하던 중 수산 스님을 만나보라는 서옹 선사의 말씀을 좇아 찾아나선 것이다. 수산 스님의 방 안에서는 범상치 않은 차향이 풍겨 나왔다.

불갑사를 찾은 시간은 노을이 하늘을 곱게 물들이고 있었다. 조실방으로 들어가 절집 예절을 좇아 삼배를 올리고 수산 스님을 뵈었다.

　스님은 찻잎을 차통에서 꺼내 다기에 넣고 손수 차를 따르면서 목이 쉰 듯한 목소리로 말하였다.

　"만암 선사는 계행이 청정한 분이었습니다."

　스님의 말이 끝나자마자 필자는 말머리를 차쪽으로 돌렸다.

　스님께서는 전통제다법에 따라 구증구포(무쇠솥에 아홉 번 덖고 돗자리에서 아홉 번 덖는 제다법에 따라 손으로 직접 차를 만드는 것)로 손수 차를 만든다고 들었습니다.

　"요즘은 예전 같지 않아 1년에 100통 만들기도 어렵지요."

　어떻게 차를 만들게 되었습니까.

　"만암 선사의 선다일미 정신에 영향을 받았습니다."

　만암 선사께서는 반농반선을 강조하여 사찰 경제의 자급화를 주창하셨는데 그 연원이 《백장청규》에서 시작되지 않았습니까.

　"만암 선사의 반농반선은 《백장청규》에서 연원되었습니다만 학명(鶴鳴, 1867~1929) 선사의 내장선원(內藏禪院)규약에서 영향을 받았습니다. 학명 선사는 선원의 목표를 반선반농으로 하되 학문과 노동, 좌선을 병행하여 수행을 한다고 선원규약을 정했지요. 만암 선사는 그의 영향을 받아 백양사의 규범을 삼았지요. 특히 만암 선사의 다풍은 백양사의 가풍이 되다시피 했습니다."

　백양사의 다풍을 말한다면요.

　"백양사 선다의 특징은 반드시 승려가 되려면 다각승이 되어야 한다

는 것입니다. 그리고 법거량이 있었는데 차로 거량을 했다는 것이 특징입니다."

주로 언제 이루어졌습니까.

"매월 15일을 전후로 선방의 대중을 대중방으로 불러 모은 뒤에 방 안에 둘러앉아 스님들 앞에 찻잔을 놓고 차를 따르게 했습니다. 만약 스승에게 거량을 하고 싶지 않을 때에는 찻잔을 엎어 버렸습니다. 그러면 그 사람은 스승에게 묻고 싶은 것이 없다 하여 더 이상 묻지 않았습니다."

다선일미의 경지를 어떻게 보십니까.

"백양사 선다의 특징을 말하자면 차를 통한 거량입니다. 다각승의 차를 받은 스님과 만암 선사가 일일이 문답을 했습니다. 그때 내가 다각승을 맡아 차 심부름을 했었지요. 그때 큰 영향을 받아 나는 반드시 다선의 경지로 중생을 제도코자 생각했습니다."

스님께서는 우리 불가의 정통 선다맥을 지키고 있는 스님 중 한 분으로 상징적 의미가 매우 큽니다.

"다선일미는 생활 그 자체입니다. 그러나 요즘 우리 불가에는 차 따는 일은 사라졌습니다. 차 따는 일을 수행의 하나로 생각하지 않기 때문입니다. 만암 선사 생존시에는 차 따는 일을 수행의 다반사로 여겨 왔습니다."

중국 선종의 맥을 살펴보면 차 마시는 일을 다반사로 여겨 왔습니다. 그 정신이 어디에 있다고 보십니까.

"어느 날 만암 선사께서 이렇게 말했습니다. "자네의 공부 경계를 말해 보아라." 저는 "아직은 공부가 무르익지 않았습니다"라고 대답했습니다. 그러자 만암 선사께서 "그러면 차나 한 잔 마시게"라고 대답하시던 기억이 납니다."

어떻게 제다하게 되었습니까.

"수행의 방편으로 한 것이 오늘에 이르고 있습니다."

학명 선사에서 만암 선사로 이어진 백양사의 다선의 가풍은 반농반선으로 결실을 이루었고 수산 스님을 통해 사라져 버린 선가의 선다맥을 되살리고 있는 것이다.

수산 스님이 다선에 빠져든 까닭 또한 흥미롭다. 죄업을 참회한다는 의미로 찻잎 하나하나를 덖으면서 시작한 차 만드는 일은 이제 스님의 수행이 되어 버렸다. 그러나 수산 스님은 우리나라 다승의 위치로는 그리 알려져 있지 않다. 다만 스님의 상좌 법성 스님이 수산 스님에게 배운 다법을 이어 전통제 다법으로 만든 차맛과 더불어 조금씩 알려지기 시작하면서 수산 스님의 다법이 퍼지게 되었다. 수산 스님은 차 이야기를 한사코 하지 않는다. 자신의 수행의 한 방편에 불과하다는 것이다.

수산 스님의 맑은 얼굴빛을 보며 오늘날 호들갑을 떨고 있는 우리 차계가 선가의 정신을 스님의 살림살이 속에서 배워 간다면 진정한 차인의 품격을 갖출 것이라는 생각을 해본다.

구증구포九蒸九曝,
전통 우리 제다법製茶法이다

차를 만들 때 아홉 번 덖고 아홉 번을 비비는 것을 '구증구포'라고 말한다. 한의학에만 있는 것으로 알려졌는데, 그 비법이 선종차 제다법에 전승되어 온 사실이 최근 밝혀졌다. 2003년 5월 11일 그 전통차법을 이어 온 수산 스님을 찾았다. 스님은 7시간의 제다 공정을 거쳐 탄생한 선종차의 제다법을 최초로 공개했다.

곡우를 전후한 남녘의 차밭은 찻잎 따는 아낙네의 손길로 분주했다. 일창이기(一槍二旗)로 된 어린 찻잎을 따서 가마솥에 아홉 번 덖어 아홉 번 비벼도 잎 하나 파괴되지 않는 선종 특유의 제다법은 우리의 눈을 의심케 했다.

최근 차계 주변에서는 구증구포라는 제다법이 있을 수 없다는 이론이 지배적이었다. 필자의 눈으로 지켜본 결과 구증구포의 방법은 제다의 보존적 의미에서 필요하지, 실제 차를 만드는 입장에서는 거의 고행의 길이기에 선뜻이 제다법을 선택하려 하지 않고 있었다. 그러나 수산 스님은 거의 40년간이 제다법을 고수해 왔다.

수산 스님은 1922년 전남 장성에서 태어나 1940년에 백양사로 출가, 1941년 만암 선사의 휘하에서 다각승으로 선을 닦았다. 그 무렵에 체득한 선다 정

이한영이 만든 금릉월산차 상표 수산 스님은 이 한영의 제다법을 고안해서 선종제다를 복원해냈다.

신과 강진 월남사지에서 만들어진 이한영(李漢永)의 백운옥판차(白雲玉版茶) 제조기술을 터득, 옛 방법대로 차를 만들어 왔다. 1년에 고작 30여 통밖에 만들 수 없는데 "이 차 만드는 일을 왜 40년간 계속 하느냐"고 묻자 스님은 "수행의 일부"라고 말하였다.

스님께 안부 전화를 한 것이 2003년 5월 10일이었다. 금년에 차 만드는 일정이 언제쯤인지 물어보았다. 스님께서는 "11일 오전 10시부터 만들고, 그날 이후에는 만들지 않는다"고 말했다. 전통 선종 제다법을 기록해야겠다는 생각에 다른 일정을 모두 취소하고 불갑사를 찾아 나섰다.

불갑사에 도착하자 10시가 넘어섰다. 스님이 손에 대바구니를 들고 불갑사 산 아래 500여 평 정도 되는 차밭에서 찻잎을 따고 있었다. 스님을 도우러 온 신도들도 함께 찻잎을 따고 있었다. 스님은 필자를 반갑게 맞으며 오후 2시까지 찻잎을 딴 뒤 2시부터 찻잎을 덖는다고 했다. 이렇게 전통 선종차 제다법이 처음으로 공개됐다.

10여 통의 차를 만들기 위해 7시간 동안 20여 명이 매달렸다. 스님은 거의 40년간 이 일을 손에서 놓지 않았다. 지금은 경주 영지암의 법성 스님과 도예가인 우송 김대희 선생이 스님의 다법을 전승하고 있다.

수산 스님이 차를 만들게 된 것은 잔병 때문이라고 한다. 40년 전만 해도 뚜렷이 차 만드는 방법을 알고 있는 사람이 그리 많지 않았다. 그래서 수소 문 끝에 강진군 성전면 월남리에 있는 이한영 씨를 찾아가 차 제다법을 메모해 온 뒤 차를 만들기 시작했다. 당시 이한영 씨는 백운옥판차를 만들고 있었다. 백운옥판차는 돈차[錢茶: 엽전같이 생긴 차]를 말한다. 수산 스님은 학명 선사에서 만암 선사로 이어지는 백양사 다선의 맥을 이어 왔고, 민간에 전승되어 온 백운옥판차의 제다법을 배워 와 이것을 선종차로 태어나게 했다.

선 종 차   이 렇 게   만 든 다

오후 2시가 되자 장작불로 가마솥을 발갛게 달아오르게 한 뒤 찻잎을 넣고 차를 덖기 시작했다. 이때 지켜야 할 사항은 맨손으로 차를 덖어야 하는 것이다. 그렇지 않으면 차를 덖을 때마다 향기를 맡을 수 없다고 한다. 수산 스님은 "찻잎을 처음 딸 때의 향과 아홉 번 덖은 뒤 손으로 차향을 맡았을 때의 향기가 같아야 진정한 선종차"라고 했다.

또 하나 중요한 것은 수산 스님의 차(茶) 포법이 열탕이라는 점이다. 뜨거운 물을 찻주전자에 붓고 펄펄 끓여 우려낸 뒤 차를 마실 때 그 향과 맛이 온몸으로 느껴져야 한다고 한다. 차를 아홉 번 덖는 순간 발효차로 바뀌면서 냉기 등이 제거되고 10번 이상을 우려내도 옛맛을 지니게 되는데, 이것이 이 차의 특징이다.

우려낸 찻잎을 보자 일창이기인데도 찻잎이 하나도 파괴되지 않고, 잎이 살아 있는 듯했다. 수행자가 고행을 하듯 차를 만들어 낸 수산 스님 상좌의 말에 따르면, 곡우 전후에 첫물차를 만들었는데 정신을 너무 집중하는 바람에 스님이 탈진한 적도 있다고 했다. 그만큼 수행하는 것 이상으로 차 만드는 일은 어렵다.

스님은 전통다법에 대해 "이 전통다법은 우리나라 조사 스님들이 이어 온

법통으로 계속 이어져야 합니다. 상업화되어 버리면 전통맥이 사라지게 됩니다"라고 피력했다.

수산 스님은 찻잎을 자신의 손으로 채취하지 않으면 진정한 차의 오미를 느낄 수 없다고 말한다. 그만큼 차를 만드는 일이 중요하다고 한다.

수산 스님이 주석한 불갑사는 마라난타가 창건한 백제 땅에서 불교를 가장 먼저 전했던 사찰로 고려 말 각진 국사가 주석하면서부터 선종을 크게 일으켰다. 그 뒤 수산 스님이 주석하면서 다선 도량으로 거듭났다.

수산 스님은 "만암 선사가 주석했을 때 불전에 올리는 차와 일반 차를 별도

로 주문했을 정도로 불전의 차를 신성히 했던 때도 있었는데, 지금은 그 시절
과 너무 다르게 차의 흐름이 바뀌었다"고 전했다.

새 벽 구 름 걷 히 니 차 한 잔 에 행 복 이 담 기 고

10시에 시작된 차 만드는 작업은 저녁 7시가 되어서야 끝났다. 찻잎을 따
고 덖는 전 과정에 스님이 직접 참여한다. 찻잎은 예민해서 조금만 신경을 흩
뜨리면 제맛을 못 낸다고 한다. 찻잎을 덖는 전 과정이 끝나자 저녁 공양을
하고 난 뒤 큰스님 방으로 다같이 모여 마지막 의식을 치른다. 그날 만든 차

를 잘 우려서 맛보는 일이다.

상좌 스님이 다관 앞으로 나아가 뜨거운 열탕법으로 차를 우려낸다. 우리는 현재 뜨거운 열탕법을 쓰지 않고 80℃ 정도로 식혀서 차를 마신다. "왜 식힘사발을 쓰지 않느냐"고 묻자 "불가에서는 예부터 뜨거운 물을 부어 우려냈다"고 했다.

수산 스님의 다법을 보자 2002년에 장시성 운거산 진여사에서 일성 스님이 한 말이 생각났다. 중국선종의 모든 차는 펄펄 끓는 물을 부어 차를 우려낸다고 했다. 중국과 한국의 전통 제다법이 같음을 알고 무릎을 쳤다.

시좌가 새로 만든 차를 우려낸다. 찻잎을 딸 때의 향과 차를 우려냈을 때의 향이 같다. 드디어 차를 맛보는 순간이다. 오감으로 느낄 수 있을 정도로 진한 차맛이 온몸으로 녹아든다. 찻잎을 따고 덖지 않은 사람은 이 차의 진정한 맛을 느끼기 어려우리라. 세상에 이런 차맛이 또 있을까 감탄이 절로 나온다. 스님은 "차는 아홉 번 덖은 뒤 한 손으로 찻잎을 한 움큼 쥐었을 때 그 맛이 코 끝에 와 닿아야 진정한 차도인이 될 수 있다"고 말한다.

불가에서는 차품 예절에 따라 차를 만들 때 수고한 사람들에게 조금씩 차를 나누어 준다. 그야말로 초의 선사가 말한 진정한 중정청경(中正淸境)이 아니던가. 수산 스님의 얼굴이 선종차의 맑은 물결처럼 아름답다. 구증구포 정신을 이어 선종차의 전통을 회복하는 일의 중요성을 다시 한 번 깨닫는다.

(재)명원문화재단(茗園文化財團) 이사장

김의정(金宜正)

한국의 다례를 체계화하고
차문화 중흥에 앞장서다

김의정(金宜正)

1941년 출생 1968년 동양통신사 국제국 1974년 학교법인 국민대학교 이사 1995년 국립현대미술관 이사, 명원문화재단 이사장, 한국다도총연합회 총재 1996년 만해사상실천선양회 공동대표 1997년 대한불교조계종 중앙신도회 상임부회장 1998년 궁중복식연구원 이사, 사단법인 사랑의 친구들 이사 1999년 사단법인 한일여성친선협회 이사, 아시아민족조형문화연구소 고문 2000년 국제존타서울I클럽 이사, 성균관대 명예문학박사 2001년 서울특별시 무형문화재 제27호 궁중다례의식 보유자 지정 2005년 한국내셔널트러스트 명예이사, 조계종 중앙신도회 회장 2006년 궁중음식연구원 이사 현재 (재)명원문화재단 이사장

저서
2005년 《명원다례》 1, 2 2007년 《차와 더불어 삶》

차는 곧 문화文化이고 예禮이다

종가(宗家)라는 말이 있다. 묵묵히 한 길을 걸어오면서 자신의 일을 생명처럼 알고 유·무형의 유산을 이어온 집안이 이에 해당한다. 여기에 명원문화재단 김의정 이사장이 있다.

2001년에 서울시가 차를 지키고 발전시킨 공적으로 명원문화재단 김의정 이사장을 무형문화재 27호 기능보유자로 지정하면서 차문화계에도 전통차문화재 제도가 확립되었다. 명원문화재단은 명원(茗園) 김미희 선생에서 김의정 이사장까지 2대에 거쳐 다도종가(茶道宗家)의 유산을 이어오면서 우리 차문화 부흥에 헌신하고 있다.

서울시가 한 눈에 내려다보이는 성북동 명원 다헌에서 김의정 이사장을

우리 차문화 발전에 앞장서 온 명원 김미희 선생의 저술들.

만나 차에 대한 이야기를 들어봤다. "차는 나이도 국경도 없습니다. 문화의 중심이지요." 김 이사장의 첫 일성에 2대에 담겨 내려온 우리 차에 대한 열정이 드러났다. 갓 우려낸 차향이 사방으로 퍼져나갈 즈음 김 이사장은 차 한 잔을 권했다. 그리고 계속 말을 이어갔다. "사실 제가 차를 하게 된 데는 어머니 고 김미희 선생의 영향이 컸습니다. 지금도 "우리에게 우리식 차문화가 있다"는 말이 우리 차계에 회자되고 있는데, 저도 이 말을 듣고 어머니처럼 차를 해야겠다는 생각을 하게 됐습니다. 1952년 어머니께서는 헬싱키올림픽에 참가하기 위해 일본에 갔을 때 "한국에도 다도가 있느냐"고 묻는 일본인에게 자극을 받아 차문화운동을 서둘러야겠다고 생각하셨습니다. 그리고 귀국한 뒤 기록으로 남아 있는 우리의 다도를 찾아내기로 결심했습니다. 차에 대해 연구한 학자부터 모아놓고 한국차에 대해 토론한 바 있습니다. 그렇게 해서 1978년 우이동 쌍룡연수원에서 한국 다도를 체계화한 '한국전통다도학술발표회'가 국내에서 처음 열렸고, 그렇게 우리 차의 기초를 다지는 첫걸음을 내디딘 것이 어머니의 업적입니다." 이렇게 우리 차문화를 이끌어 온 고 명원 김미희 선생의 뜻을 받들어 김 이사장이 어머니의 아호인 '명원'을 따서 1995년 명원문화재단을 설립해서 오늘에 이르고 있다.

차가 문화의 중심으로 자리매김하고 있습니다. 차의 세계화를 위해 앞장서 온 김 이사장께서는 이점을 어떻게 보십니까.

"다도는 종합문화의 극치입니다. 차를 담고 마시는 각종 도자기, 차에 곁들인 다식과 다화, 복식, 다식을 장식하는 그림, 꽃꽂이 등이 하나로 잘 어울립니다. 오늘날 정치도 차의 중심에 서 있습니다. 우리 차문화를 회상컨데, 어머니는 도예가, 장인, 화가, 서예가, 꽃꽂이와 매듭 전문가에게 후원을 아끼지 않았습니다.

제가 독창적인 한국 다례에 빠져든 것은 어머니의 영향입니다. 어머니는 일본차회에 참가했다가 "한국에도 차문화가 있으냐"는 말에 충격을 받았다고 합니다. 저 또한 어머니의 영향을 받아 전통을 되살려 일본식을 배제하고 우리만의 다례를 되살리겠다고 결심했습니다."

한국차의 정신 속에 명원이 지향하는 차의 정신을 '청·검·중·예'로 나누었습니다. 그 뜻에 담긴 차의 철학은 무엇입니까.

"우리나라는 동방예의지국으로 예를 생활의 기본으로 삼는 나라입니다. 우리 조상은 한 모금의 물을 마시고 한 조각의 다식을 음미하는 경우에도 마음가짐과 몸가짐에 세심한 주의를 기울였습니다. 명원 선생께서는 한국 차인이 갖추어야 할 정신적 자세, 즉 차의 4대 덕목으로 '청정, 검덕, 중화, 예경'을 말씀하셨습니다. 첫 번째 청정(淸淨)은 허례와 지나친 명예의식으로는 모든 연행에 옳은 결과가 지어질 수 없으므로 건전하고 천연한 자세로 돌아가야 한다는 말입니다. 차는 기본적으로 정신을 맑게 하는 작용을 합니다. 그래서 차를 마시면 우리 민족의 정신이 모두 맑아집니다.

두 번째 검덕(儉德)은 세간의 부귀영화를 생각하는 사람은 차의 참다운 의미를 맛볼 수 없다는 말입니다. 자신의 수양이 바로 차맛을 알아가는 과정이며 '검·덕·지·인'만이 차를 즐길 수 있는 것이라 하겠습니다. 세 번째는 중화(中和)입니다. 명원 선생은 "노자의 가르침을 근거로, 우리의 자연은 춘기로 되는데 음양의 중화된 기운이 차"라고 했습니다. 춘기는 자연의 기운에만 있는 것이 아니라 인간의 심리에도, 인간과 인간의 관계에도 있다고 보며, 이것들이 조화를 이룰 때 천지에서 감로수를 내린다고 합니다. 감로란 원만히 중화된 상태를 말하며, 차의 맛은 중화가 되며 가장 원만한 상태, 최상의 상태가 됩니다. 마지막 덕목은 예경(禮敬)입니다. 우리 사상은 인(仁)을 중심으로 한 홍익인간의 사상과 인내천 사상을 바탕에 둡니다. 인은 예의 기본 사상이니, 마음에 깃든 다례가 되어야 합니다. 어머니는 인의 정신을 실천하는 것이 다례이니 바른 마음가짐을 갖춘 예절을 실행해야 한다고 말씀하셨습니다."

한국차의 중흥조로 초의 선사를 받들고 있습니다. 초의는 중정(中正)의 정신을 중국이나 일본과 또 다른 경지로 개척했습니다. 80년 초 초의 선사가 주석했던 일지암 복원에 김미희 선생께서 적지 않은 후원을 하신 것으로 압니다.

"일지암 복원에 명원 선생의 공이 크셨지요. 당시 일지암 터를 확인하기 위해 명원 선생이 버선발로 터를 쫓아 올라간 이야기는 우리 차계에 미담으로 전해옵니다. 1980년 4월 15일 일지암이 복원되면서 국내 차운동에 커다란 전기가 마련되었습니다."

일지암.

궁중다례의 백
미인 궁중명부
회례의.

2001년 차가 문화재가 되면서 명실 공히 다도는 종가의 맥을 잇는 계기가 되지 않았습니까.

"한국 다도 계승을 위해 어머니께서는 궁중다례를 되살리는 일에 적극적으로 나섰습니다. 그리고 궁중다례 전승을 위해 조선조의 마지막 상궁인 김명길(1894~1983)로부터 궁중다례 의식을 익혔습니다. 저도 열심히 궁중다례를 배워 그 뒤 어머니의 유지를 받들어 꾸준히 다도보급에 힘써 마침내 2001년 서울시로부터 서울시 무형문화재 27호로 지정 받았습니다. 그 기념으로 2002년 5월 차의 날을 맞아 궁중명부회례의를 개최해 궁중다도의 품격을 높였습니다."

차의 품격을 어떻게 보십니까.

"차를 마시면 마음이 차분하게 가라 앉고 세상에 부러울 것이 없습니다."

최근에 명원문화재단은 국민대와 손 잡고 전통 차문화 학위과정을 신설하지 않았습니까.

"2008년 6월 26일 전통차문화 교 육연구를 위한 양해각서(MOU)를 체 결했습니다. 국민대는 아버지인 쌍용 그룹 창설자 고 김성곤 회장의 체취 가 살아있는 곳입니다. 그런 곳에서 차학위 과정을 신설한 일은 저로서는 더없는 보람이 아닐 수 없습니다."

앞으로 한국차문화를 어떻게 전망하 십니까.

"우리 다도에는 일본이나 중국이 흉내 낼 수 없는 우리만의 독특한 차문 화가 살아있습니다. 그것은 우리만의 특징인 다례입니다. 우리 민족교육 의 전통인 다례를 살려 세계의 차와 어깨를 나란히 하는 차문화로 성장해 갈 것임을 자신합니다.

아무리 좋은 차라고 해도 물과 궁합을 맞춰야 좋은 차맛을 낼 수 있다고 말하지 않습니까.

"차와 물이 서로 잘 조화를 이뤄야 좋은 차맛을 낼 수 있습니다. 초의 선

사의 〈동다송〉에서도 물은 '차의 신(神)'이라고까지 말하지 않습니까."

우리 전통 차문화의 무궁한 발전에 김 이사장의 사명감이 클 것 같습니다.

"앞으로도 명원 선생의 뜻을 받들어 우리 차의 세계화를 위해 더욱 앞장 설 것입니다.

김의정 이사장을 통해 듣는 차 이야기는 한국인의 생활 속에 밴 자연스러움을 느끼게 했다. 차를 다 마시고 난 뒤 마지막 한 방울까지도 소중히 여긴다는 김 이사장의 차에 대한 애정에 우리 차의 무한한 희망이 엿보인다. 그는 물 한 방울의 소중함에 머물지 않고 조선상궁으로부터 전승한 궁중다례와 초의 선사의 다도를 결합해 명원다례법을 정리해내기도 했다. 어느 쪽에도 치우치지 않으려는 차의 중화(中和)를 위해 앞장서는 김 이사장의 노력에서 한국차의 밝은 미래가 엿보인다.

동서양의 차와 문화를 말하다

역사는 찾는 자에게만 이야기를 한다고 하였다.

김병모 박사가 30년을 거쳐 알아 낸 가야국 김수로왕릉의 신어상(神魚像)의 역사, 허황옥 공주의 발걸음, 김수로왕과 허황옥 공주의 결혼. 신어상의 역사는 한국의 문명과 문화 그리고 우리 역사 고세대의 시작점을 바로 알려주는 중요한 역할을 하였다.

신어상과 같이 등장하는 차, 허황옥 공주가 결혼예물로 가져왔다는 차, 《삼국유사(三國遺事)》에 기록이 되어 있는 한국차의 시작, 역사에서 이 차는 무엇을 얘기하는 것일까. 세계에서 물 다음으로 많이 마시는 차, 우리가 차에 대해서 알아야 할 점은 무엇인가. '차문화' 하면 찾게 되는 일본, 그러나 우리는 우리의 차문화를 알고 있는가, 세계는 우리의 차문화를 알고 있는가, 역사가 이 물음의 대답들을 알고 있을까.

문화는 긴 역사의 흐름 속에서 태어나고 개발되고 발전되며 또 실종된다. 역사와 문화는 개인의 소유가 아닌 우리 민족과 나아가서는 세계인 모두의 주인으로서 겸허하게 받아들이고 이해하며 소중히 보관해야 한다.

나는 이런 생각으로 차 이야기를 쓴다.

※ 김의정 이사장의 차 이야기.

중 국 차 의 시 작 과 역 사

차는 중국의 전설 삼황오제(三皇五帝)에 나오는 삼황(수인(燧人), 복희(伏
羲), 신농(神農)) 중에 하나인 신농왕이 기원전 2737년에 차를 발견한 것으로
부터 시작한다. 삼황은 다소 괴기한 모습을 한 초인적 영웅이다. 수인은 불을
발명함으로써 화식하는 법을 알게 되었고, 인류를 추위로부터 보호했다. 복
희는 사냥의 기술을 창안했고, 신농은 쟁기와 괭이를 발명해서 농경 시대를
열었다.

신농은 농경의 왕으로 여러 가지 야생초의 약효를 알기 위해 시음해 보던
중 72가지의 독약 성분으로 고통 받았다. 우연히 나무에서 떨어진 나뭇잎을
떼서 거기서 나오는 액체를 마셔 보니 쓴맛이 약 효과가 있는 것 같아 그 나
뭇잎 물을 마셨다. 그 효과로 신농은 독약 성분을 치료하였고 이로 인해
5000년 차 역사가 시작되었다.

다른 전설도 있다. 인도의 왕자 달마가 중국으로 건너와 수행하던 중 졸음
을 쫓기 위해 눈썹을 떼서 버렸는데 몇 년 후 그 자리에 나무가 자랐다. 이 나

무가 차나무라 한다.

이런 전설만 봐도 차의 약 효과는 옛날부터 알려졌다고 볼 수 있다. 차 역사의 시작인 기원전 2737년은 단군이 고조선을 건국한 기원전 2333년보다 400년 정도 이르고, 메소포타미아 문명이 시작된 기원전 3000년보다 뒤다.

차문화와 차 산업은 중국 남쪽 지방인 쓰촨에서 시작됐으며, 350년에서 600년 사이에 차는 큰 수요의 증가를 겪으면서, 차 생산이 큰 규모로 발전되었다.

쓰촨의 옛날 지역명은 '바슈'로, '차(茶)'라는 말은 바슈 지역의 말이었다. 차는 차(茶), 가(檟), 설(蔎), 명(茗), 천(荈) 등 다섯 가지의 이름이 있었다고 다성 육우는 《다경》에 기록했다.

약으로 쓰이던 차가 당나라(618~907) 시대에 들어가서 왕실 생활의 귀중한 자리를 차지 하게 되었고 차는 무역물품으로 발전되어갔다. 당나라 시대에 육우라는 성인이 나와 《다경》이라는 차 전문 서적을 15년에 걸쳐서 완성하기에 이른다. 765년에 나온 이 책은 세계 최고의 차 전문 서적이다. '육우가 태어나기 전까지는 차를 몰랐다'는 말이 있을 정도로 육우는 세계의 다성이다.

육우가 765년, 즉 1250년 전에 저술한 《다경》을 읽어보면, 그 시대부터 차와 마음의 정서가 연관돼 있다.

> 목마른 사람은 장물[漿水]을 마셔왔고
> 근심이나 과분함을 달래려고 술을 마셔왔고
> 흐린 마음을 씻기 위해서는 차를 마셔왔나니…

'흐린 마음을 씻기 위해서는 차를 마셔왔나니…'라는 말을 생각해 읽으면 이 문장이 바로 그 후 몇백 년에 걸쳐서 완성되는 다도 서설의 원점이 아닌가 생각한다.

육우의 《다경》에 차를 준비하고 마시는 과정의 아홉 가지 어려움을 말한 부분이 있다. 이 부분을 읽어보면 왜 다례법이 중요했는지 알 수 있다. 그 아홉 가지 어려움을 읽어보자.

차에는 어려움이 아직도 아홉 가지나 남아 있도다
첫째는 만들기가 어려움이요
둘째는 차의 질을 분별하기 어려움이요
셋째는 그릇을 골라 가지기가 어려움이요
넷째는 차를 달일 때 사용하는 불의 온도를 가리기가 어려움이요
다섯째는 차를 달이는 물의 좋고 나쁜 것을 선택하기가 어려움이요
여섯째는 찻잎을 굽는 방법을 따르기가 어려움이요
일곱째는 찻가루의 좋은 빛을 만들어내기가 어려움이요
여덟째는 차에 물을 붓고 달이는 방법의 어려움이요
아홉째는 차를 마시는 방법 또한 어렵다.

이 많은 어려움을 가진 차의 진 맛을 알기 위해서 다례법은 굉장히 중요한 자리를 차지했을 것이며, 특히 접빈다례, 국외 사신을 맞이하는 다례 과정, 진다례, 왕이 마시는 차 다례법은 얼마나 긴 시간동안 완성을 추구했는지 상상할 수 있다.

다례를 행할 때 갖추어야 하는 다기, 다구 등 27가지 기물이 필요하였고 예식을 갖추는 궁중에서나 사대부 지식층의 부층들이 즐기는 문화가 차문화였다. 이 상류층은 그 당시 사회 사상과 유교를 공부하는 층으로 차문화와 유교 생활의 관계가 그 시절부터 깊게 자리가 잡히고, 유교의 예(禮)의 중요성이 차문화에 많이 영향을 주게 된다.

차문화는 송나라로 이어가며 계속 발전하며 중국 차문화의 절정기를 이룬

다. 차는 보편화되며 찻잎을 물에 타서 마시는 엽차가 대중화되기 시작한다. 한편, 중국 궁중다례의식은 더 예식화되고 세련되며 특별히 가루로 만드는 말차(분말차, powder tea)가 궁중에서 발전된다.

차인들은 차의 완전한 맛을 찾기에 차 준비과정 하나하나에 큰 시간과 노력을 들였다. 왕실의 차는 특별히 청결을 위주로 하여 처녀들만이 장갑을 끼고 금 가위를 사용하여 새 싹(bud)과 새 잎을 따서 금 쟁반으로 왕실에 바치는 방식으로 제일 순수한 차의 맛을 찾으려 했다. 이 방식을 '왕실을 위한 찻잎 따는 방식(imperial plucking)' 이라고 한다.

송나라는 몽골의 침략으로 많은 차문화를 잃어버렸다. 송나라의 말차문화도 잃어버렸다. 13세기 명나라(1368~1644) 시대부터는 찻잎을 물에 타서 먹는 엽차가 정착하고 지금까지 내려 오게 됐다.

한국차의 역사

《삼국유사》 가락국기(駕洛國記)에 아유타국 공주님인 허황옥 공주가 가야의 김수로왕에게 장만한 여러 가지 진귀한 혼인예물 중 차씨가 있었다고 한다. 허황옥 공주가 가야에 도착한 것은 48년이다.

이능화(1869~1943)의 《조선불교통사(朝鮮佛敎通史)》에도 허황옥 공주가 가져온 차씨를 김해 백월산에 심었다는 기록이 있다.

지리적 증명으로는 김해군 진례면에는 찻골이 있고 상동면(上東面)에는 다시곡(茶時谷) - 차를 모종한 골짜기, 다곡(茶谷)이 있다. 이 진례면은 바로 가야국의 김수로왕의 왕자인 거칠군이 성주(城主)로 있던 진례성(進禮成)으로 보인다. 그리고 김해의 동쪽에 있는 계곡인 금강지(金崗趾)는 옛날 지명이 다전리(茶田里)로 차나무가 많다.

진감 국사 해소
의 비. 이 비에
한명(漢茗)이 기
록돼 있다.

《삼국유사》가락국기의 기록에는 수로왕의 제사에 차를 썼다고 한다. 수로왕을 이은 거등왕이 즉위 년인 199년에 제정한 세시풍속(歲時風俗)에 떡, 밥, 차, 과일 등을 갖추어서 다례를 지내도록 한 것에서 확인할 수 있다.

삼국을 통일한 신라의 문무왕은 즉위한 해인 661년에 왕명하길 가야의 시조인 김수로왕은 자신의 외가쪽 조상이므로 가야국 종묘의 제사를 합해서 계속 지내라고 하였다.

이 역사의 기록점들은 신라의 사신 대렴이 차씨를 당나라에서 갔고 왔다는 828년보다 훨씬 전이며, 따라서 한국의 차문화는 2000년의 역사를 갖는다는 자부심이 필요하다.

차 전래에 관한 공식적인 기록이 있는 문헌은 《삼국사기》다. 《삼국사기》에 는 다음과 같이 기록되어 있다.

흥덕왕 3년, 대렴이 당에서 차씨를 가져와 왕명으로 지리산에 심었다.
차는 선덕여왕 때부터 있었지만 이때에 이르러 더욱 성행하게 되었다[入
唐廻使大廉持茶種子來 王使植地理山 茶自善德王時有之 至於此盛焉].

선덕여왕은 632~647년에 신라를 다스린 여왕으로 고구려와 백제의 신라에 대한 공격이 빈번해짐에 따라 당나라와 연합함으로써 국가를 보호하려는 자구책의 일환으로 거의 매년 당나라에 조공사신을 파견하였다.

선덕여왕의 뒤를 이어 진덕여왕의 제위기간(647~654) 동안에 당나라의 의관제도를 본떠 시행하게 되고 당시 신라의 상류층 인사들은 거의 당나라 문화를 많이 따르고 점점 당나라 문물을 따르게 된다. 차문화가 이런 빈번한 당나라 외교와 문화교류 중 당나라에서 신라에 전해졌던 것은 당연하다.

흥덕왕이 대렴이 가져온 차씨를 지리산에 심으라고 명한 것은 그 당시 차문화가 정착되고 지리산이 차 재배에 적합한 것을 알았다는 것이다. 지리산 지역에서 차가 재배되었거나 토산차가 번성했다고 볼 수 있다. 대렴이 가져왔다는 저장성 부근에서 나는 천태산차와 지리산의 차가 같은 종류임이 학술적으로도 발표가 되었다.

한국차문화는 신라, 고려를 거치면서 궁중, 절, 선비, 관서 뿐만 아니라 민간사회에서도 크게 발달된다. 신라 화랑도 차를 애용하고 몸과 마음 그리고 친목, 선후관계를 다례로 다듬고 삼국을 통일하는 데 기여했다. 특히 한국의 궁중 다례는 고려 시대에 절정을 이루면서 국가 예식으로 크게 발전되며 그 예식은 중국왕실의 예식과 같은 동등한 수준의 발전을 이룬다.

한국차문화는 조선 시대로 이어지나 기나긴 역사 안에서 실종의 위기를 많이 맞았다. 억불숭유정책, 왜란, 부정한 농민정책의 영향으로 내리막길로 문화의 실종점까지 가게 된다. 하지만 다산 정약용, 초의 선사, 그리고 명원 선생과 여러분의 노력으로 다시 한국문화의 중점으로 되돌아 가고 있다.

이 점은 한국만의 경우가 아니다. 중국, 한국, 일본이 공통적으로 겪은 점이다. 예로 몽골의 중국 침략, 조선시대 억불숭유정책, 일본 에도막부 시대 말기의 억불숭유정책, 빠르게 개발되는 시대에 적응해야 하는 전통문화는 한국, 일본, 중국이 다같이 겪었던 일들이다.

그러면 왜 한국차문화는 거의 실종점까지 갔을까? 나중에 더 깊이 설명하겠지만 문화는 시대에 적합한 적응성을 보일 줄 알아야 하며, 또 그 문화의 사상과 가르침을 이어가는 데 개인이나 단체, 아니면 사회의 노력과 책임이 필요하다고 본다.

일본차의 역사

〈일본의 차〉라는 글은 770년의 정창원문서(正倉院文書)에 나오지만 일본 학자들은 일본차문화의 시작을 일본의 헤이안(平安) 시대로 본다. 헤이안 시대는 794년부터 400년 동안 가마쿠라막부가 열릴 때까지 정치와 문화 중심으로 번영했다.

중국 수도 장안에서 30년간 차문화의 영향을 받고 살았던 에이추(永忠, 734~816) 스님이 사가(嵯峨) 천황에게 차를 드린 것이 일본차문화의 시작이다. 사가 천황이 차밭을 권장하면서 805년에 사이초(最澄, 767~822) 스님이 사카모토의 절에 차씨를 처음 심었다.

한국차문화가 끼친 영향을 《일본서기(日本書記)》에 긴메이 천황(539~571) 13년에 백제 성황(聖王, 523~554)이 담혜 화상 등 열여섯 명의 스님에게 불구와 차, 그리고 향 등을 일본에 보냈다는 기록에서 확인할 수 있다. 역사의 연구가 더 있어야 하겠지만 이 기록은 에이추 스님의 차문화 시작보다 200여 년 전에 일본에 차가 한국을 통해 전해졌다는 말이다.

일본은 중국과의 무역 교래가 894년으로 끊어지면서 차문화도 끊어져 버렸다. 300년 후, 1191년에 선불교 에이사이(榮西, 1141~1215) 선사가 송나라에서 차씨를 가지고 후쿠오카에 심으면서 일본차문화는 다시 시작된다. 그동안 차는 궁중이나 절에 쓰였던 기록이 있다고 하지만 대중문화나 그렇다 할 차문화는 없다고 본다.

에이사이 선사는 선불교 전파를 시작했으며, 선불교를 기본으로 스님들은 차를 묵상, 약 그리고 선불교를 확대하는 데 썼다. 그 당시 일본의 불교에는 여러 계가 있었다. 조도계(1175년에 이리본에 도착)가 대중적으로 많은 수교자를 갖고 있었다. 조도계에서는 누구나 아미타불교를 믿으면 구원을 받을 수 있다고 가르쳤다. 에이사이 선사가 전파한 선불교는 묵상과 절제를 중요시했다. 특히 묵상을 중요시하는 선불교는 사무라이들 사이에 자리를 잡게 된다.

그 당시 미나모토 쇼군이 술을 많이 마셔 고생할 때, 에이사이 선사가 《차와 차상경(茶桑經)》이라는 일본 최초의 차문화 서적을 썼다. 미나모토 쇼군이 차의 효과를 인정하면서 차문화가 시작된다.

시간이 흐름으로써 차는 선불교 정신과 점점 멀어지게 되며 상류사회의 부를 자랑할 수 있는 기회, 중국에서 수입한 화려한 다구 자랑, 돈내기 놀음 등으로 빠지게 된다.

그런 일본차문화는 무라다쥬코우(村田珠光), 다케노쇼오, 센리큐를 중심으로, 선불교와 도사상을 위주로 한 일본 다도 사상을 완성하게 된다. 무라다쥬코우는 선과 차정신의 통일을 주장하고 마음의 정화와 평화를 구하며 '와비차(佗び茶)' 라는 검소한 선불교의 정신을 일본 다도로 구축한다.

일본 우라센케의 일본 다도 역사를 보면, 무라다쥬코우의 스승 잇큐는 중국과 한국의 다례법을 알고 있었고 그 예절을 제자들에게도 가르쳤을 것이라는 말이 있다. 일본 다도의 창시자가 한국 다례를 알고 있었다는 말이고 그렇다면 한국 다례의 영향력도 일본차문화에서 배제 못할 것이다.

센리큐(千利休)의 다도 사상인 '화 · 경 · 청 · 적(和 · 敬 · 淸 · 寂: harmony, respect, purity, and tranquility)' 은 자손대대로 내려오면서 15대손인 센겐시츠가 세계적인 문화 사상으로 발전시켰다. 센리큐의 죽음으로 인심이 흉흉할 당시에 도요토미히데요시는 임진왜란을 일으켜 패망을 자초했다.

일본차문화는 선불교 사상의 기본이며, 지금까지도 선불교 과정을 수양해야 다도가(茶道家)대를 이어 갈 수가 있다.

유 럽 차 의 역 사

동남아 항구를 이용하여 동서 무역을 잡고 있던 포르투갈의 예수 전도사들이 17세기에 찻잎을 유럽으로 가져오면서 차문화는 시작된다.

차의 첫 뱃짐이 1606년에 암스테르담에 도착한다. 네덜란드에서 시작된 유럽의 차문화는 프랑스, 영국으로 빠르게 퍼지게 된다. 차는 귀족의 음료였고 영국의 찰스 2세의 부인 캐더린이 왕실에 차를 아침식사로 소개하기 전에는 차는 남자들만의 음료였다. 차의 대중화는 그 당시 커피하우스에서 시작되었으며 영국 문화와 무역 그리고 외교정책, 전쟁 등 큰 역사에 남을 일들을 불러온다.

중국차 독점권을 갖고 있던 네덜란드의 동인도회사는 1669년에 영국 동인도회사로 독점을 빼앗기게 되었다. 영국 동인도회사는 100년 동안 중국차 무역 독점권을 유지한다.

영국에서 중국의 수입품 중 차가 90%를 차지할 정도로 차는 영국사회에 깊이 뿌리를 내린다. 차의 독점무역이 늘면서 차에 대한 세금도 늘어나서 차 45g 가격이 보통 노동자의 1주일 임금이 될 정도로 비싸서 불법으로 공급된 차들이 많이 생긴다. 영국의 차 소비는 계속 증가해서 1699년에 65kg하던 소비량이 1791년에는 6,800t까지 증가하게 된다.

지금까지도 계속되는 '오후의 차'는 1840년 영국의 베드포드라는 공작 부인이 오후에 친구들을 초청해서 차와 케이크 등을 먹는 데서 시작되어 지금까지 그 문화가 계속되며, 세계 유명호텔들은 오후의 차 서비스를 진행하고 있다. '티타임(tea-time)'이라는 용어도 개발되어 친목과 대화의 시간을 갖게 된다.

이 시대에 시작된 높은 차(High Tea)와 낮은 차(Low Tea)는 그 뜻이 마시는 차의 성분을 얘기한 것이 아니고 탁자 높이를 얘기하는 것이다. 높은 차는 탁자의 차로서 보통 저녁과 같이 식사를 위주로 하며 낮은 차는 간단한 디저트와 같이 먹는 차를 말한다.

차는 커피하우스에서 판매되어 1706년에 트와이닝(Twining)이 차를 위주로 하는 커피하우스를 영국에 처음으로 열었다. 그 후 골드 리용(Gold Lyon)

이라는 차를 사고 마실 수 있는 상점을 차리고 그 시대까지만 해도 남자만 들어갈 수 있었던 커피하우스에 여자의 입장이 시작된다. 트와이닝은 대를 이어 세계 규모의 차 사업을 이어간다.

커피하우스 외에도 '차 정원'이라는 야외에서 차를 마시는 장소가 많이 생긴다. 차 정원은 아름다운 정원 속에서 차를 마실 수 있는 곳이다. 주방이 멀리 떨어져 있었기 때문에 차탁 옆에 '팁스(TIPS: To Insure Prompt Service)'라는 상자가 있어 그 곳에 잔돈을 넣으면 웨이터가 뜨거운 물을 가져와 차를 더 맛있게 마실 수 있었다. 요새도 "팁 놓는다"는 말은 계속 쓰이고 있다.

영국의 차 소비량은 계속 늘어나고 다시 유일한 차 수출국인 중국(청나라)의 수입의지는 계속 높아갔다. 그 당시 중국은 수출항이 하나밖에 없어서 수출이 부진했고 지역적으로 멀리 떨어진 영국은 중국에서 가까운 인도의 아편을 차 거래에 이용하려고 하였다.

청나라는 아편 밀수를 금지했으나 지방 관리가 뇌물을 묵인하면서 아편은 급속도로 번져나가 사회적으로 큰 문제가 됐고 1800년 중국이 아편 수입을 금지하자 영국은 군사력으로 중국을 침해하게 된다. 이 전쟁으로 인하여 중국은 영국에게 많은 항구를 열게 되고, 수입 세금을 줄이게 되며, 나아가서는 홍콩을 영국의 지배로 넘기게 된다.

차의 생활화는 동서 무역에 큰 비중을 차지하였고 화폐의 기능까지도 갖추게 된다. 그 시대의 차는 고체형태의 단차(떡차)로 그 차를 쪼개어 떼내고 가루로 만들고 타서 마시는 형태였다. 단차는 시중에 가격이 정해져 있었고 화폐의 기능까지도 갖추게 된다. 벽돌형의 단차를 나누어서 1/2, 1/4의 잔돈으로도 쓰기도 하였다. 지금 영어로 쓰고 있는 '캐쉬(cash)'라는 말은 그 시절 차 거래에 썼던 상업용어에서 시작되었고, '캐디(caddy)'라는 말은 차를 거래할 때 쓰던 상자를 가리키는 용어에서 시작됐다.

그 시대의 차 무역노선은 바다항로의 기준이었으나 200에서 300낙타 정도의 대륙해단 육로도 있었다. 보통 편도 6개월이 걸리는 이 육로도 1800년에는 한때 6000낙타가 왕복할 정도로 큰 규모로 발전했다. 왕복 1년이 되는 이 길로 소련은 스웨덴, 덴마크, 독일로 차를 수출하였다. 낙타의 육로는 대륙횡단 기차로 인하여 영원히 사라져버린다.

차로 인해서 영국은 중국과 두 차례나 아편전쟁을 치르고, 인도의 산업을 개발하게 된다. 하지만 차는 영국인에게는 미스터리였고 계속 중국에 의존하기보다는 재배가 필요하다고 생각하게 된다.

영국 여왕의 왕명으로 포춘(Fortune)은 중국 만주 사람으로 변장하여 중국에 침입, 차의 재배 비밀을 알아낸다. 포춘은 85명의 중국차 전문가들과 함께 빼내온 차씨를 인도에 심으면서 영국의 차의 자존재배를 꾀하게 된다. 우연히 그 시대에 영국은 야생차가 인도 아삼주에서 난다는 이야기를 듣게 되며(1823), 대규모 차 생산이 인도에서 시작된다. 차 생산 개발을 위해 많은 영국인들이 큰 돈을 벌자는 꿈으로 이곳으로 이주하며, 되돌릴 수 없는 영국 문화를 인도에 정착시키게 된다. 인도와 스리랑카는 세계 차 생산량의 반 이상을 공급할 정도로 영국의 차 재배 야심을 받아 자라났다.

차하면 많이 알려진 립톤을 얘기하지 않을 수 없다. 스코틀랜드 출신인 립톤은 마케팅 천재라고도 볼 수 있다. 고객을 끄는 재질을 살려 젊은 나이에 생활물품 사업으로 성공하였고 많은 상점을 갖게 되었다. 그 많은 상점에서 차를 팔아달라는 요청을 받고 호주 여행을 가장하여 실론차 공장을 답사했다. 우연하게도 그 해에 실론에 병이 돌아 많은 커피나무들이 죽으면서 땅값이 폭락하였다. 생각 외의 반값으로 차 재배지를 사며 시작한 차 사업은 세계에서 빼놓을 수 없는 규모로 성장했다.

1618년에 중국 대사가 차를 소련의 황제에게 선물을 하면서 지금까지 러시아의 보드카와 차는 음료가 된다. 지금도 러시아 곳곳에 사모바르(Samovar)

라는 물을 끓이는 도구가 꼭 있고 언제나 차를 마실 수 있는 준비가 되어 있다.

미국차의 역사

미국차의 역사는 네덜란드의 무역가 스타이브센트(Stuyvesant)가 1647년 차를 뉴욕, 필라델피아와 보스톤에 공급하면서 시작되었다. 영국과 마찬가지로 차는 미국에서도 큰 인기를 끌며 수요가 모자라서 불법으로 들여올 정도로 미국 상류 사회를 위주로 빠르게 소개됐다.

차의 수요는 급증해서 영국 수입품 중에 첫 번째 직물과 두 번째 완제품에 이어 세 번째 자리를 차지하게 된다. 영국의 동인도회사는 차의 독점권을 갖고 영국정부와 함께 큰 세금을 유지하는 데 성공한다.

1773년 미국에서 차조례(Tea Act)라는 차 세금법이 통과함으로써 미국 시민들은 더 이상 참을 수 없게 됐다. 미국 시민들이 보스톤 항구에서 인도인으로 가장하여 배에 실어온 영국차를 보스톤 항구에 던지는 일이 발생했고 이 사건이 미국 독립운동의 계기가 되는 '보스톤 티파티'다. 3년 후에 미국은 영국으로부터 독립하게 된다.

1904년 블레친든(Blechynden)이라는 차 판매상이 미국 세인트루이스에 열린 세계 박람회에 선전용으로 차를 준비했는데 날씨가 무더워 뜨거운 차를 드는 사람이 하나도 없었다. 그러자 차에 얼음을 넣어 만들어서 마시라고 권했다. 이 아이스티는 1904년 세계 박람회에서 인기를 끈 물품 중에 하나였다. 이것이 요새 많이 마시는 냉차의 시작이다.

1908년 어느 호텔에서 차 만드는 과정에 너무 손이 많이 가고 주방이 지저분해지는 점을 보고, 설리반(Sullivan)이라는 사람이 차를 티백으로 만들어 공급하면서 요새 마시는 티백이 생겼다.

이렇듯 동서양의 차문화를 회고해 보건데 차는 문화의 중심축으로 전승되면서 인류사에 적지 않은 영향을 끼쳤다고 말할 수 있다.

중국불교협회 회장

일성(一誠) 스님

다선일미의 전통을 이어 온
중국선종의 대표적 선승

 일성(一誠)

1927년 중국 후난성 망성현 출생 1949년 망성현 세심사(洗心寺)로 출기 1956년 광동성 남화 선사에게 구족계를 받은 후 장시성 운거산 진여선사에서 허운 대사를 따라서 수행, 승가 농장 생산 대장으로 당선, 건축에 능하여 허운 대사의 파건으로 진여선사의 승려들의 대표로 운산수전선 건설에 참가 1959년 성복 대화상으로부터 위앙법종 발원 1978년 관회, 달정 스님과 같이 서신모병에서 불사활동 진행 1981년 오원(悟源), 랑휘(朗輝) 법사와 진여선사에 돌아와 지객(知客) 겸 사무관리위원회 위원직을 담당 1985년 진여선사 방장 1986년 장시성 영수현(永修縣) 불교협회 회장과 장시성 불교협회 회장 역임 1987년 구강시(九江市)불교협회부회장을 겸임 1993년 중국불교협회 부회장 1999년 장시성 정안(靖安) 마조(馬祖) 선사 도량 보봉선사(寶峰禪寺) 방장 역임 2002년 중국불교협회 회장에 선출 2003년 베이징(北京) 법원사(法源寺) 방장 역임 2006년 세심선사(洗心禪寺) 중건 현재 중국불교협회 회장.

농선병행 정신으로
다선일미 茶禪一味의 정신을
지켜 온 일성 스님

'차나 한 잔 드시게[喫茶去]'란 선어는 1200년 전 당나라 때 선승 조주(趙州, 778~897) 선사에 의해 보편화된 화두다. 요사이 차인들 사이에 찻자리에서 이 화두가 다반사가 되어 버렸다. 사실 그 원류를 찾다 보면 천 년 전 살다 간 마조, 백장, 남전, 조주 선사를 만나게 된다. 그리고 천 년간 다선일미(茶禪一味)의 전통을 그대로 이어 온 선지식과도 만날 수 있다.

그렇다면 우리 시대를 대표하는 선지식인은 누구인가. 일성 스님이 바로 그 분이다.

일성 스님은 위앙종의 10대 종정[傳人]과 임제종 45대 종정으로서 중국불교의 대표적 선찰인 장시성 진여사와 보봉사 방장을 겸하고 있다. 그뿐만 아니라 2002년 9월 16일 중국불교협회가 제7차 대표회의를 열어 조박초(趙朴初) 거사 작고 이후 2년 동안 공백으로 남겨 두었던 중국불교협회의 회장에 일성 스님을 공식 추대함으로써 실질적 중국불교 최고의 통치자가 되었다.

베이징의 언론들은 일성 스님의 회장 추대로 중국에 불교가 컴백하고 있다고 말하고 있다. 중국 개혁 개방 이후 중국 인민의 정신적 공황을 메우는 민족 종교의 회귀로 받아들이고 있다. 그만큼 일성 스님의 위상 또한 남다르다.

2001년 12월 23일, '마조선(馬祖禪)과 홍주종(洪州宗) 국제학술연토회(國

진여선사 전경.

際學術研討會)'가 남창 우민사에서 열렸다. 중국 국가 종무원의 허가를 받아 중국의 장시성불교협회와 남창 우민사, 한국의 불교춘추사가 공동으로 마조선을 토론, 연구하는 학술회의였다. 한·중 수교 이후 첫 번째 공식 허가를 받고 개최된 학술회의인 만큼 중국 정부의 기대 또한 컸다.

이 행사는 일성 스님의 주도 하에 이루어졌다는 점과 이때부터 중국 정부가 일성 스님을 차기 중국불교협회 회장에 공식 추대할 움직임을 보인 점으로 미루어 이번 학술연토회를 승인해 주지 않았나 하는 생각이 든다.

그뿐 아니라 한·중선종사에 잊을 수 없는 또 다른 사건은 끽다거의 본고장 조주관음원에 한중우의조주고불선차기념비(韓中友誼趙州古佛禪茶記念碑)가 건립된 것이다. 일본차문화계가 끈질기게 추진해 온 점과 정혜 스님이 한국 측의 손을 들어 준 점을 미루어 볼 때 선다일미의 중심이 한류(韓流)임을 공식 인정받은 계기가 되었다는 것을 알 수 있다.

그 후 다선일미의 주도권을 놓고 한·중·일이 치열한 경쟁을 보여 온 점에서 이제 다선일미의 정신이 동아시아의 중심권으로 옮겨가게 된 것을 알 수 있다. 천 년간 이어 온 다선일미의 전통은 당대에는 마조, 백장, 조주 선사에 의해, 송대에는 원오극근, 백운수단 선사로 내려 오다가 근대에 와서는 허운 대사가 농선병행의 정신으로 이끌어 내면서 연연히 그 맥이 이어져 오게 되었다.

2003년 5월 필자와 인연이 깊은 중국불교계 최고의 지도자인 일성 스님을 만나 중국의 다선일미 정신을 들어보았다. 이 인터뷰는 농선병행의 정신을 이어 온 장시성 운거산(雲居山) 진여선사(眞如禪寺) 방장실에서 극적으로 이루어졌다.

중국선종의 정신이라고 말할 수 있는 다선일미의 전통을 일성 스님을 통해 듣게 되어 매우 기쁘게 생각합니다.

"중국의 다선일미의 전통은 약 천 년간 이어져 오다가 문화대혁명 기간을 거치면서 거의 단절되었습니다. 그것을 허운(虛雲, 1850~1959) 대사께서 농선병행 정신으로 복원하게 되었습니다. 1957년 허운 대사의 인도로 진여사를 승가농장으로 정부의 승인을 얻어 농선병중(農禪並重)을 철저히 실천해 나갔습니다. 그리고 철저히 농차(農茶) 정신을 불러일으키는 등 오늘날 중국불교가 다선일미의 전통으로 굳어졌습니다."

한국에서 사라져 버린 보차(普茶)의식이 몇 해 전 마조열반도량 보봉사에 남아 있는 것을 보고 충격을 받았습니다.

"보차회란 차의 맛이 선의 맛에 빠져드는 의식의 일종인데 중국에는 선칠(禪七) 안거 수행이라는 독특한 수행법이 있습니다. 7일씩 49일간의 안거 수행을 말하는 것인데, 그 기간 동안 의심나는 화두를 방장 스님에게

묻는 의식입니다. 그때 차와 과일이 나옵니다. 자신의 의심이 없으면 그냥 차나 과일을 먹는데, 대체적으로 방장 스님에게 선문답을 던지는 경우도 있습니다. 이와 같은 전통은 허운 대사 이후 계속해서 이어져 오늘에 이르고 있습니다."

중국선종의 특징 중 하나로 《백장청규》의 가르침을 이은 보차 정신이 살아 있습니다. 이는 농선병중 사상을 지키려는 중국선종의 정신이도 합니다.

"네, 그렇습니다. 중국선종의 특징이 바로 농선병중 사상입니다. 21세기에 접어 든 지금 우리가 《백장청규》를 배우고 연구하는 것은 현실적으로 큰 의미가 있다고 생각합니다. 백장회해(百丈懷海, 720~814) 선사가 제창하고 몸소 실천한 농선병중은 중국선종을 지탱하는 정신이기도 합니다. 지금 중국에서는 보차회로 선종차 정신을 이어가고 있습니다."

2001년 겨울 일성 스님께서 "마조선의 등불이 만년을 밝히니 한국과 중국의 법연이 천 년을 이어 왔다"고 사자후를 토한 바 있습니다.

"중·한 양국은 산과 흐르는 물이 달라도 하나의 법맥을 가지고 있습니다. 예로부터 두 나라의 불교계와 학술계의 왕래는 매우 밀접했습니다. 또한 한·중이 학술교류를 하는 것은 중국불교계의 오랜 전통이었으며 수많은 선종조정을 가지고 있는 장시성에서 이러한 선학을 연구하는 점은 매우 의미가 깊다고 생각합니다. 그래서 그때 저는 마조선의 등불이 만년을 밝히니 한국과 중국의 법연(法緣)이 천 년을 이어져 왔다고 말했습니다.

스님께서는 2002년 〈차의 세계〉 창간 축하 메시지를 보내 주셨습니다.

"한국에 차 전문잡지가 창간된다기에 기쁜 마음에서 축하 메시지를 보내 드렸습니다. 그때 나는 중국선종 사찰의 보차풍습을 적어 보낸 적이 있습니다. 선종 사찰에서는 매년 명절이면 보차를 마시며, 선당 내에서는 매일 세 번의 차를 마십니다.

차는 수도에 유리합니다. 18세에 운거산으로 도응 선사를 찾아 온 조주 선사는 끽다거 공안으로 많은 후학들을 깨우쳤습니다. 한국불교는 중국으로부터 시작되었고, 다풍 역시 중국에서 흘러 들어갔습니다. 그렇게 보면 다선일미의 전통은 한·중이 같은 흐름이라고 볼 수 있겠지요."

스님께서는 늘 한·중은 한 뿌리이며 한 집안이라고 말씀하셨지요.

"한국과 중국이 수교는 맺었지만 장시성에 관심을 기울이려는 사람은 없었습니다. 그때 마침 2000년 봄 최석환 거사가 보봉사로 저를 찾아와 한·중은 한 뿌리이니 교류를 하자는 제의를 해왔고, 이에 선뜻 응했습니다. 장시불교에 큰 공헌을 했다고 생각합니다. 그 후 〈차의 세계〉 주도로 2000년 8월 장시선종과 신라선에 관한 연구와 2000년 9월 보봉사 보차 대회, 2001년 12월 마조선과 홍주종 국제학술연토회, 2002년 한·중차문화 교류회 등 일련의 행사를 장시성에서 벌어온 점 등은 높이 평가합니다."

'선다일미' 란 무엇이라고 정의할 수 있습니까.

"근자에 '다선일미' 라는 말이 마치 일본 차인의 전유물처럼 비쳐 오는

보봉사 보차 대회
때 선어를 내리는
일성 스님.

데, 크게 잘못되었다고 생각합니다. 다선일미는 송대의 고승인 원오극근
(圓悟克勤, 1063~1135) 선사가 창안한 말입니다. 송나라로 유학 온 일본
인 제자에게 써 준 4자진결인데, 이것이 잘못 알려져 일본 다도의 미학처
럼 떠받드는 것은 크게 잘못되었다고 생각합니다."

2002년 9월 제9차 전국대표회의에서 중국불교협회의 공식 회장에 추대됨을 축
하드립니다. 스님의 수행이력이 궁금합니다.

"저는 1927년 후난성 망성현의 농가에서 태어났으며 속성은 주(周)씨이
며 소년 시절에 부모를 따라 농사일을 하였습니다. 후에 석공일을 하다가
1949년 망성현 세심사에서 출가를 했습니다.

그 뒤 1956년 무렵 허운 대사의 명성을 듣고 장시성 진여사로 가 허운
대사의 가르침을 받았습니다. 그 뒤 남화사에서 구족계를 받고 진여사로
돌아온 뒤 제가 건축에 능함을 알고 있던 허운 대사께서 저를 승가 농장책

임자로 임명하셔서 운거사 중장에 일익을 담당했습니다. 그 뒤 허운 대사의 부촉을 받고 보봉사를 손수 건축하여 오늘에 이르렀습니다.

또 허운 대사로부터 위앙종 10대 종정과 임제종 45대 종정의 불조법맥을 잇게 되었습니다. 그 뒤 2002년 9월 중국불교협회 회장에 추대되어 21세기 중국불교가 농선병행 정신으로 이 시대를 이끌어 가야 된다는 지론을 갖고 선다일미 정신을 마조 선사의 평상심의 도와 접목, 중국불교를 다선의 정통으로 이끌어 갈 생각입니다."

오랜 시간 좋은 말씀 감사합니다. 마지막으로 한국차문화계에 상징적 화두를 주신다면 어떤 것인지요.

"21세기 인류에게 던지는 화두는 아무래도 마조 선사의 평상심에서 찾아야 될 것 같습니다. 그 자체가 차와 선이라는 사실을 깨우칠 때 밝은 미래가 열리게 될 것입니다."

중국불교의 대표적 선승을 통해 듣는 다선일미 정신이야말로 차와 선의 진정한 의미를 깨닫게 하는 것 같다. 스님은 백장회해 선사가 제창한 농선병중의 정신을 이어 받아 우리가 처한 오늘의 시대에 비추어 냉철히 인식하여 다선일미의 정신으로 이끌어 가지고 말씀했다.

일성 스님을 통해 듣는 천 년을 이어 온 다선일미의 전통이 운거산에 메아리쳐 온다.

중국선종, 《백장청규》를 받들어 농선병중을 실천했다

선종의 독립은 《백장청규》로부터

불교, 특히 선종은 중국에 전래된 이래 당대에 이르러 이미 흥성하였다. 6조 혜능(慧能) 대사 제자인 마조 선사는 천보(天寶, 742~756) 초기에 장시성에 들어가 수십 년간 흥법하였다. 이 기간 동안에 마조 선사는 총림(叢林)을 창립하였는데, 이는 중국불교 역사상 일대 쾌거였다. 마조 선사 문하의 백여 제자 가운데 백장회해 선사는 스승의 뜻을 계승하여 총림의 규칙과 제도를 제정하였는데, 이는 중국불교 역사상 중요한 의미를 지닐 뿐 아니라 중대한 영향을 끼친 사건이었다.

백장회해 선사는 대력(大曆, 766~779) 초기에 마조 선사가 남강(南康) 공공산(지금의 장시성 보화산(寶華山))에서 남종의 돈오선법(頓悟禪法)을 홍양한다는 사실을 알고 그를 찾아가 배알하게 되었다. 마조 선사를 따라 강서의 동쪽과 중앙을 두루 돌아다니다 당 대력 8년(773)에 마조 선사를 따라 종릉(鍾陵) 개원사(開元寺: 지금의 남창 우민사)에 들어가 머물렀다. 그후 개원사를 중심으로 사방으로 홍법하여 남선(南禪) 돈오(頓悟)의 법문(法門)을 진작시켰다.

※ 2001년 중국 남창 우민사에서 열린 중·한 홍주종국제학술연토회 발표문.

　백장회해 선사는 일관되게 농선병중을 견지하고 솔선수범하여 '하루 일 하
지 않으면 하루 밥 먹지 않는다'는 말이 전해졌고, 다른 한편으로는 농사일
을 하는 가운데 학인(學人)을 끌어들이고 찾아오는 사람들을 맞아 인도하였
다. 《선원청규》의 제정과 시행은 선종이 독립된 불교 종파로 최종 확립되는
역사적 사실이 되었다. 송대(宋代)의 찬녕(贊寧)은 이를 일러 '선종의 독립은
회해에게서 시작되었다(《송고승전(宋高僧傳)》〈회해전(懷海傳)〉)'고 하였다.
현대의 나치(羅熾)는 '사실상 달마(達摩)가 창종(創宗)한 이래로 혜능(慧能)의
혁신적 발전을 거쳐 백장회해 선사가 창조하고 정리함에 이르러 선종은 비로
소 명실상부한 독립적 불교 종파가 되었다(《선종술평(禪宗述評)》)'고 평가하
였다. 백장회해 선사는 평생을 농선에 입각하여 평소 모든 일상사도 대중들

에 앞서 실천하고자 노력하여 '하루 일 하지 않으면 하루 밥 먹지 않는다는 말이 세상에 널리 퍼졌다(《조당집(祖堂集)》).'

백장회해 선사가 제정한 《백장청규》는 당시 선종 총림 선승들의 수행과 생활 준칙이었다. 선승들은 이에 근거하여 '농선병중'의 수행을 실천하여 일상 생활과 참선에 필요한 경제적 보장을 얻을 수 있었다. 그러나 백장회해 선사가 입적하고 얼마 지나지 않아 '회창법난(會昌法難)'이 일어나 총림들은 정도는 다르지만 파괴되고 말았다. 그러나 대중(大中) 연간(847~859)에 당 선종(宣宗) 이침(李枕)이 즉위하고 나서 불교는 다시 회복되었다. 산림과 물가에 은거하던 선승들이 되돌아와 다시 '농선병중'의 생활과 수행에 정진하게 됨으로써 선종 총림은 빠르게 복구되었다. 그러나 그 이전에 있었던 불교의 다른 종파는 경제적 여건 등의 문제로 회복에 어려움을 겪었거나 심지어 회복 자체가 불가능하기도 하였다.

당대부터 송대까지 《백장청규》는 대대로 전해졌다. 근·현대에 이르러 중국 선종의 태두로 존경받는 허운(虛雲) 대사는 윈난성 계족산(鷄足山) 축성사(祝聖寺), 쿤밍 운서사(雲栖寺), 푸젠성 고산(鼓山) 용천사(涌泉寺), 광둥성 조계(曹溪) 남화선사(南華禪寺), 운문산(雲門山) 대각선사(大覺禪寺), 장시성 운거산 진여선사 등 6개 명찰의 복원을 주도하면서 승단(僧團)을 재건하고 '농선병중'을 실천하여 도풍(道風)을 진작시켰다. 운문산 대각선사를 중건하던 당시에 허운 대사는 '대각승가농장(大覺僧伽農場)'을 만들어 근·현대 사회에서 '농선병중'을 실천함으로써 교단 내외의 반향을 일으키며 호평을 받았다. 1953년에 중국불교협회 명예회장에 선출된 허운 대사는 장시성 운거산 진여선사로 옮겨 탁석하였다.

농선병중의 실천

허운 대사는 성복 대사 등과 함께 대중들을 소집하여 승단을 재건하고 아

진여선사 승려들
이 농선병중을
실천하는 모습.

울러 '농선병중'을 실천하여 자력갱생하고, 사찰을 중건하고, 석가모니와 보
살상을 다시 만들 것 등을 논의하였다. 이와 더불어 천 년간 이어져 온 진여
선사의 향불을 다시 올리고, 신종(晨鐘)과 석고(夕鼓)를 재개하고, 누추한대
로 파괴된 옛 승방을 조속한 시일 내에 수리하였다. 이듬해 봄이 시작될 무
렵, 허운 대사는 사찰의 승려대중들을 장기에 따라 건설대와 농업대로 나누
고 각각 맡은 일에 힘쓰도록 하였다. 그해 가을에 새 법당이 낙성되었다. 허
운 대사는 여기에 위앙종의 현판을 내걸어 대중들이 날마다 자신을 수양할
수 있도록 하였다. 이처럼 허운 대사의 주도로 진여선사의 승려대중들은 백
장회해 선사가 창도한 농선병중을 진지하게 실천하였고, 사찰에서는 다방면
에 걸쳐서 모두 백장청규의 규정을 준수하였다.

　1957년에 이르러 허운 대사의 인도로 진여선사의 승려들이 설립한 '승가
농장'은 정부의 승인을 얻게 되었다. 진여선사의 승려대중들은 이처럼 농선

병중을 철저히 실천함으로써 1957년에는 사찰의 복구가 대략 완성되었다. 사찰의 규모는 전보다 더 커져 그 면적이 1만m²에 달했으며 각종 전각이 두루 갖추어졌다. 서방삼성(西方三聖)과 미륵보살 등도 수백 존이 다시 만들어졌다. 전체 도량은 엄숙하고도 장엄하여 천 년 전 백장회해 선사 당시의 웅장한 면모를 되찾게 되었다. 아울러 진여선사는 농업생산에 있어서도 상당한 성과를 거두었다. 1954년부터 직접 재배하기 시작한 쌀, 고구마를 비롯한 각종 양식은 해마다 생산량이 증가하여 마침내 수요를 충족할 수 있게 되었고, 1957년에 이르러서는 그 생산량이 진여선사의 승려대중들이 자급하고도 남을 정도가 되었다. 이와 동시에 진여선사는 일정 정도는 사찰 밖 백성들의 생산활동과 생활에 지원하였다. 1959년 9월, 허운 대사가 운거산의 초막에서 입적하자, 진여선사의 승려대중들은 허운 대사의 유지를 받들어 백장회해 선사가 제창한 농선병중을 진지하게 실천하였다. 그러나 1966년 시작된 문화대혁명의 10년 동란 속에서 진여선사는 일체의 종교활동이 정지되고 말았다.

문화대혁명이 끝나고, 특히 1978년 중국 공산당(共産黨) 제11계 삼중전회(三中全會)가 열리고 난 다음, 1981년에 이르러 종교정책이 확정됨으로써 운거산 진여선사는 다시 종교활동의 장소가 되었다. 같은 해 연말에 사찰의 승려들은 연명으로 영수현(永修縣) 인민정부(人民政府)에 '진여선사 승가농장'의 재건을 청구하였다. 1981년 12월 25일, 영수현 인민정부 판공실은 문건(영정판발(永政辦發)(1981) 제38호)을 보내 '진여선사 승가농장'의 재건을 승인하고 독립채산제를 운영하여 스스로 수지를 책임지도록 하였다. 그리하여 승가농장에는 농업생산대, 임업생산대, 채소생산조를 만들고, '식량을 위주로 생산하고 균형 있는 발전에 전력을 기울인다'는 경영방침 아래 실적에 따라 보수를 분배하는 실적제를 채택하였다. 각 생산대에는 대장과 조장을 두어 구체적인 관리를 하였다. 1982년에 진여선사 승가농장은 안정적으로 운영되었다. 사찰의 중건은 순조롭게 진행되었고, 농업과 임업부문의 생산량도 만족스러운 정도였다. 수확된 곡물이 약 3만kg, 차가 약 420kg, 감자가 약 6천kg 팥이 약 420kg, 채소가 약 6천kg에 달했다. 1983년에 진여선사 승가농장은 생산기술을 개량하여 신형 농기구를 투입하여 생산력을 높였다. 그리하여 그 해에는 곡물 3만 6천kg, 채소 1만 2천kg이 수확되었고 그밖에 차, 팥, 감자 등도 증산되었다. 아울러 연간 임목업부문의 수입도 증대되었다. 모죽(茅竹)이 1만 주, 삼목(杉木)이 2백여m³, 소삼목(小杉木)이 130여m³로, 이것만도 수입이 4만여원에 이르렀다. 종교정책의 진전에 따라 진여선사의 재산인 논 약 1만 4천

농선병중을 실천하는 수행자의 모습.

m²와 한지(旱地) 약 8촌m²가 회수되었다. 동시에 영수현 인민정부의 승인을 거쳐 총면적 36m²에 달하는 산림권을 발급 받았다. 여기에는 삼목이 약 7만 7천m², 모죽이 약 6만m²이고, 황산송(黃山松)이 약 2만 2천m², 석삼(析杉)이 약 4천m², 차수(茶樹)가 약 1만m²이고, 나머지는 관목(灌木)이다. 1985년 이후 진여선사 승가농장은 사회적으로 귀감이 됨에 따라 관리를 강화하고, 생산장려제를 시행하고, 승려대중을 재배치하여 단위 면적당 생산량을 높였다. 1987년만 하더라도 곡물은 약 4만 2천kg이 수확되었고 팥, 차, 감자 등도 수확이 풍성하여 연간 사찰 생산 총액이 7만여 원에 달했다. 곡물과 채소

모두 자급하고도 남았다. 그후 진여선사 승가농장의 농림생산량은 더욱 늘어나 1988년에는 농업, 임업과 기타 부업의 총수입액이 8만여 원에 이르렀다. 곡물은 약 4만 8천kg을 수확하여, 전체 사찰의 승려 1인당 생산액이 1천여 원에 이르렀다. 같은 해에 장시성 불교협회에서 개최한 '장시성 사묘 생산공작회의'에서 진여선사는 선진집단으로 선정되었고, 감원(監院) 석달정(釋達定)은 선진 개인으로 평가되어 표창을 받았다.

《백장청규》의 실천 '진여선사 승가농장'

1989년, 진여선사는 '농선을 훌륭하게 수행하고, 도풍이 엄격하고 법도가 반듯하여' 정협전국위원회(政協全國委員會) 부주석 겸 중국불교협회 회장 조박초 거사가 상하이에서 거사좌담회를 개최할 당시 푸젠성 보전(甫田) 광화사(廣華寺), 쓰촨성 성도(成都) 소각사(昭覺寺)와 더불어 "도풍이 훌륭하여 모범이 된다"는 평가를 받았다.

1991년, 중국불교협회는 교무부 석묘청(釋妙靑)과 석묘화(釋妙華)를 운거산 진여선사에 보내 농선병중 전통의 회복과 실천현황을 조사하여 중국공산당 중앙통전부(中央統戰部)와 국무원(國務院) 종교국(宗敎局)에 보고하는 한편 〈법음(法音)〉에 게재하여 전국의 불교계가 이를 본받도록 하였다. 1992년, 진여선사승가임장(眞如禪寺僧伽林場)은 경작제도, 경영관리, 책임제 등을 다방면으로 개혁하여 농업, 임업과 기타 부대사업에서 또 다시 풍성한 수확을 거두었는데, 연간 생산액이 10만여 원에 달했다. 이런 바탕 위에서 운거산 진여선사는 한 걸음 나아가《백장청규》를 받들어 농선병중을 실천하여 도풍을 진작하고 사찰의 규범을 엄격히 하고 승단제도를 건전하게 하였다. 최근 수 년 동안 진여선사는 지속적으로 이 방면에서 성과를 거둠으로써 교단 내외에서 호평을 받았다.

21세기가 도래한 지금 우리가《백장청규》를 배우고 연구하는 것은 현실적으로 큰 의미가 있다. 백장회해 선사가 제창하고 몸소 실천한 '농선병중'은 우리들의 실천에 모범이 되며 나아가 우리가 진지하게 본받도록 격려하는 원동력이다.

여기서 우리는 오늘 우리가 처한 시대가 조사께서 살았던 시대와는 다르다는 점을 냉철하게 인식하여야 한다. 허운 대사가 생전에 가르쳤듯이 우리가 처한 시대는 달라졌고 불제자의 의식주도 상황에 따라 달라질 수 있지만 계·정·혜의 삼학사상만은 바뀔 수 없다. 따라서 우리가 진지하게 백장청규를 실천하고 '농선병중'을 전개하는 것은 새 천년에 있어서 중국불교가 당면한 의무이자 중국불교가 시대와 더불어 발전할 수 있는 밑거름이 된다.

4조사 방장

정혜(淨慧) 스님

조주의 茶

세계를 가다

정혜(淨慧)

1933년 허베이성(河北省) 출생 1951년 허운 대사 회하에서 비구계를 받고 그 다음 해 법을 받아 임제
종과 운문종의 법도자 됨 1979년 중국불교협회에서 활동 1988년 허베이성 불교 부흥사업 이끎, 임
제사와 백림선사를 중수함 1992년 '각오인생(覺悟人生) 봉헌인생(奉獻人生)'을 종지로 하는 생활선을
창도 1993년 중국불교협회 부회장에 선출, 제9, 10회 전국 정협위원회(政協委員會) 위원 1998년 백
림선사 중흥 10주년 기념식에서 백림선사 주지로 취임 2000년 허베이성 불학원장 취임 2003년 허
베이성 황매, 당양 관계부문의 요청으로 4조사, 옥천사 방장 취임 현재 4조사 옥천사 방장, 중국불교
협회 부회장, 허베이성불교협회 회장.

'끽다거'는 절대자유에 이르는 길

차인들 사이에 많이 회자되는 말로 '차나 한
잔 드시게[喫茶去]'라는 말이 있다. 당나라 조주
선사의 이 말이 태동한 곳은 중국 허베이성 백
림선사(柏林禪寺)로 오늘날 조주차의 고향이다.
그곳은 1988년까지만 해도 폐허나 다름없었는
데 정혜 스님에 의해 옛 모습을 되찾게 되었다.

정혜 스님은 백림선사 방장을 지낸 뒤 중국불
교협회 부회장과 4조사 방장을 겸하고 있다. 그
는 문화대혁명 시기 존폐위기에 놓였던 중국불
교를 회복시킨 허운 대사의 운문종 13세 종통을
계승한 법제자이다. 정혜 스님은 "허운 대사의
뜨거운 가르침과 선농일치의 노동 정신이 인생
을 진정으로 이끌어 준 등불이었다"고 말한다.
정혜 스님은 '끽다거' 공안으로 천하의 대중을

제접한 조주 선사의 사상적 고향인 백림선사에서 생활선불교를 주장하며 옛
관음원의 명성을 되찾고 있다.

2001년 백림사에 세워
진 '한중우의조주고불
선차기념비'.

스님은 '각오인생(覺悟人生) 봉헌인생(奉獻人生)'이란 기치 아래 1991년부터 생활선대회를 시작했다. 매년 베이징대 등 중국 유수의 대학생 500여 명이 생활선법회를 주도해오고 있다. 법회의 하이라이트는 보차회로 여기에는 생활선을 다선으로 이끌려는 정혜 스님의 의지가 담겨 있다. 생활선법회는 사회주의 국가인 중국 정부가 중요하게 여길 정도로 새바람을 일으키고 있다.

또한 정혜 스님은 1999년 11월 공사를 시작, 천 명을 동시에 수용할 수 있는 만불전을 2003년에 완공, 조주선을 사방에 떨치고 있다. 이같은 스님의 의지는 한중우의조주고불선차기념비 건립에서도 알 수 있는데, 기념비는 1998년 필자가 발의하여 2003년 입적하신 서옹 스님의 증명으로 동화사 조실 진제 스님을 비롯해서 명원문화재단 김의정 이사장 등이 힘을 합쳐 2001년 10월 19일 조주탑 앞에 세웠다. 기념비에 '한·중의 불교는 한 뿌리이니 예부터 한 집안이며 선풍 또한 함께 하니 법맥 또한 서로 전함이다[韓中連體 千古休戚 禪風與共 法脈相襲]'라고 밝혀 다선일미의 정신이 한국으로 들어왔음을 공식 인정하는 계기가 되었다.

한편 정혜 스님은 한·중차문화계에 끼친 정신을 높이 받들고 한중우의조주고불선차기념비를 건립한 공로로 2004년 10월 19일 명원문화재단에서 수여하는 2004년 공로상 수상자로 선정되었다. 마침 한중우의조주고불선차기념비 건립 3주년을 맞는 해에 선정된 수상 소식은 뜻깊은 일이 아닐 수 없다.

2003년 〈차의 세계〉 발행인과 명원문화재단 유양석 고문이 허베이성 백림선사를 방문했고 〈차의 세계〉 발행인은 정혜 스님과 1시간에 걸쳐 인터뷰를 했다.

3년만에 뵙습니다. 스님과 〈차의 세계〉는 매우 각별합니다. 2001년 10월 19일 '한중우의조주고불선차기념비(韓中友誼趙州古佛禪茶紀念碑)'를 세운 이래 한·중은 한 뿌리로 돈독한 우의를 맺었습니다.

"한·중 양국의 뜻을 모아 한중우의조주고불선차기념비를 조주탑 앞에 세우게 된 것은 길이 남을 역사적 일입니다. 특히 조주비를 세운 것은 문화의 전파로 선다일미에 대해 역사적으로 한 단락을 만든 것입니다. 또한 비문에 마조 선사의 스승으로 정중무상(淨衆無相, 684~762) 선사를 밝히고 있는데, 일찍이 정중무상 선사는 서촉 땅의 주인이 되었고, 문하에 구족으로 마조 선사가 있습니다. 이같은 역사성을 밝힌 것은 매우 중요합니다."

스님께서 주석하고 계신 백림선사는 끽다거 공안으로 유명한 조주 선사가 선풍을 드날렸던 곳입니다. 스님께서는 1988년에 폐허나 다름없는 백림선사가 제모습을 되찾는 데 상당한 역할을 했습니다.

"1988년경 관음원에 처음 왔을 때 조주탑과 측백나무 몇 그루만 있었는데 그 암담한 마음은 이루 말할 수 없었지요. 서원을 세워 꼭 옛 모습을 되찾고 싶었습니다. 그 뒤 16년 만에 옛 모습대로 복원할 수 있었지요."

조주 선사가 말한 '끽다거'의 의미에 대해 듣고 싶습니다.

"조주 선사는 참선하러 온 두 스님에게 모두 "차나 마시라"고 말했지요. 이는 '실천'을 강조한 말입니다. 마음을 비우고 자기 일을 충실히 하는 끽다거야말로 '평상심의 도'의 실천이며 '절대자유의 열반'이라고 말할 수 있습니다. 끽다거 공안은 어떤 사람이 어떻게 이해하든지 간에 생활공간을 넘지 못합니다. '끽다거'란 말을 현학적으로 이해하게 되면 그 뜻을 표현할 수 없습니다. 생활 곳곳의 많은 부분에서 체험할 수 있는 것이 끽다거입니다."

조주 선사가 잠시 머물렀던 장시성 운거산 진여선사의 찬림차(攬林茶)가 고향을 떠난 지 천 년 만에 허베이성으로 돌아왔습니다.

"운거산 진여선사에서 차나무 이식 재배에 성공한 것은 사람들을 기쁘게 했습니다. 그때 농업분야의 과학자들이 참여해 차문화에 대한 인식을 달리하게 되었지요. 찬림차를 백림선사에서 재배하여 조주차가 또다시 웅장한 자태를 자랑하는 계기를 만들 것이라고 말했습니다. 그러나 애석하게도 백림선사에서는 이식에 실패했으나 허베이성 농학원에서는 재배에 성공해 '조주차'라는 이름으로 차를 생산하기 시작했습니다."

백림선사에는 측백나무가 있습니다. 조주 선사가 말한 '측백나무'에는 무슨 의미가 있습니까.

2005년 10월 백림사 경내에서 열린 무아차회. 측백나무와 조주탑이 한눈에 들어온다.

"측백나무는 우주만물에 편재하는 도(道)의 절대평등성과 그 활용을 상징한 것인데, 말로 전부를 설명하기는 어렵습니다."

'다선일미'란 무엇이라 말할 수 있는지요.

"선다일미와 다선일미의 말은 본질상 차이는 없습니다. 다만 중요한 측면에서 '일미'라는 것은 절대 평등, 대자유를 말합니다."

한국과 중국의 차문화 교류를 어떻게 보십니까.

"차가 형식이나 표연에 치우친다는 인상이 강합니다. 그렇게 차를 하는 분들에게 차가 무엇이냐고 물으면 대답을 못합니다. 정신수행 쪽으로 가다보면 차가 무엇인지 알 수 있을 것입니다. 선차표연의 형식보다 선다일미가 갖고 있는 사상적 측면에 몰입해야 합니다. 이를테면 중국에 많은 찻집이 있는데, 그분들은 차가 무엇인지, 다도가 무엇인지 모릅니다. 경제적 이득에만 매달릴 뿐이지요. 이는 선다일미와는 거리가 멉니다."

스님께서 중생제도를 위해 말씀하시는 '불교의 정신'이란 무엇입니까.

"저는 늘 네 마디 말로써 불교의 정신을 말합니다. 불·법·승 삼보에 귀의하고, 계·정·혜 삼학을 부지런히 닦으며, 탐·진·치 삼독을 멸하고, 신·심·구의 삼업을 정화한다는 것입니다. 이 네 마디 말은 동시에 마음을 정화하고 인성을 제고하는 낙수처를 명확히 가려줍니다."

스님께서는 2001년 10월 '한중우의조주고불선차기념비' 건립으로 한·중우의를 다지고, 2002년 10월 한국에 와서 국제무차선대법회에서 "인성을 끌어 올려 불성으로 돌아가자"고 말씀하여 감동을 준 바 있습니다. 앞으로 한국의 차인들에게 어떤 가르침을 전하실 것인지요.

"한국 차인들과 불자들에게 나는 이렇게 말할 것입니다. 선이란 것은 말로 표현할 수는 없습니다. 그렇지만 말[言語]에 의거해 선을 말하지 않을 수 없고 다예표연을 통해 차의 정신을 드러내지 않을 수 없습니다. 선에는 차가 없고 차에는 선이 없지만 선과 차는 어디에도 없는 것, 이 또한 없습니다. 차와 선은 결코 둘로 뗄 수 없습니다. 그래서 차를 마시는 것은 곧 선을 마시는 일입니다. 천 마디 만 마디 말보다 다선일미의 실천이 이 시대에 요구됩니다. 그리고 다음과 같은 게송을 전할 것입니다.

　　가을의 바람 청량하게 불어오는데 선다일미를 만 리 강에 띄워 만년토록 흐르기를… ."

정혜 스님이 들려주는 차 이야기는 우리에게 던지는 신선한 화두였다. 스님은 "무(無)에서 다선(茶禪)으로 갈 때 그 경계가 바로 선이 아닌가 생각한다"고 말씀하셨다. 조주의 끽다거 공안이 절대자유의 실천이라고 하신 정혜 스님의 말씀이 오랫동안 가슴에 와 닿는다.

평상심의 도에서 차와 선이 만나다

  '식지 않는 천 년의 차', '천 마디 만 마디 말보다 차 한 잔이 낫다' 등 수많은 선어를 이끌어 오면서 우리 시대의 선다일미를 실천해 온 중국 허베이성 백림선사와 4조사 방장 정혜 스님이 2004년 10월 18일 서울을 찾았다. 2002년 10월 국제무차선대법회에 이어 4번째 방한이었다. 이번 방한의 목적은 명원차문화상 공식수상이지만 정혜 스님은 산사를 찾아 조주의 끽다거 정신을 사방에 전했다. 그를 가까이서 지켜 본 필자의 눈에 비친 다선일미의 정신을 되짚어본다.

  2004년 10월 18일 방한한 정혜 스님은 "다선일미를 한국땅에 전하기 위해 왔다"고 말문을 열었다. 2002년에 백림선사 주지에 승좌한 명해(明海) 스님, 허베이성 민족종교사무처의 주엽승 처장, 허베이성 불교협회의 설점군 비서장이 정혜 스님과 함께 방한했다. 최근 정혜 스님은 법랑(法朗) 선사에 의해 한국에 선을 맨 먼저 들여 온 4조사 방장을 겸하고 있어 그의 행보에 따라 한국 선종이 지각변동을 일으키는 것은 당연한 일이었다.

  중국 허베이성 석가장시에 있는 백림선사는 1200년 전 당나라 때 조주 선사가 '차나 한 잔 드시게'란 화두를 통해 천하 사람의 눈을 열어 놓았던 현장이다. 그곳 방장인 정혜 스님의 방한은 여러 가지 면에서 상징성이 매우 크

다. 바야흐로 동양 삼국이 선차문화 열풍에 휩싸였고 사찰 행사 때마다 빠지
지 않는 다례시연은 이를 잘 반영해준다.

2003년 8월 27일 중국 후베이성 황매현 4조사에서 뜻깊은 행사가 열렸다.
선학학술좌담회가 그것이었다. 그 자리에서 정혜 스님은 다선일미를 다음과
같이 정의했다. "끽다거의 '거'는 공간의 전환이나 시간의 흐름을 의미하는
것은 아니다. 당하(當下)를 의미하는 것으로 당시 음다의 기풍이 얼마나 성행
했는지를 알 수 있다"고 말했다.

정혜 스님이 한국을 찾기 한 달 전인 2004년 9월 19일 중국 쓰촨성 대자사
에서는 신라 왕자 출신인 정중무상 선사의 정신을 기리는 학술회의와 다예표
연이 잇따라 열려 쓰촨 사람들의 지대한 관심을 받았다. 그리고 꼭 한 달 뒤

인 2004년 10월 19일 정혜 스님은 중국 허베이성 정부의 관계자들을 이끌고 한국을 네 번 째 방한했다. 조주가 끽다거로 천하 사람들의 눈을 열어 놓았던 그 백림선사를 이끌고 있는 방장이라는 상징성이 강하게 부각되어 제9회 명원차문화상 수상자로 결정된 것이다.

일본의 우라센케 전 15대 이에모토인 센겐시츠에 이어 외국인으로는 두 번째 명원차문화상을 수상한 정혜 스님은 "2001년 10월 19일 건립한 '한중우의조주고불선차기념비' 에 서촉땅의 주인이 정중무상 선사로 기록되어 있는데 한국땅에서 정중무상 선사의 선다례를 다예로 보니 감회가 새롭다"고 말했다.

이날 축하법어에서도 스님의 다선일미론이 드러난다. 1200년 전 끽다거 공안으로 천하 사람들의 눈을 열게 했던 조주 선사는 생활과 선도를 둘로 보지 않았으며 선다일체론적 끽다를 주창, 대중을 이끌었다고 역설했다.

다음날 스님은 한국의 모범적 선(禪)체험공간의 참관을 희망했다. 몇 해 전 중국 선사들이 한국의 선을 체험하기 위해 1주일 선수행을 닦은 터라 정혜 스님은 면면히 이어져 온 한국의 조사선수행 현장을 보고 싶었던 것 같다.

필자는 스님의 의중을 읽고 종로구 가회동에 있는 안국선원으로 안내했다. 선원에 도착하자마자 미리 기다리고 있던 대중이 선원으로 안내했다. 스님 앞에 차 한 잔이 나왔다. 스님은 한국식 차 마시는 법도를 보여주자 놀라워했다.

이어 법상에 앉은 정혜 스님의 법어가 이어졌다. 700여 명에 이르는 대중들이 빼곡히 앉아 스님의 말씀을 하나도 놓치지 않으려는 듯 진지한 자세를 보였다.
　이어 정혜 스님의 법문이 시작되었다.

　"인간은 고립되어 혼자 존재하지 않습니다. 모든 사람과 인연을 맺고 살아가는 것이며 천지만물과 인연을 맺고 있습니다. 그러므로 인연을 맺고 있는 모든 사람과 우주만물에 대해 항상 감사할 줄 알아야 합니다. 제 법은 모든 근본에 의해 시작됩니다. 그러므로 그 근본에 대해 항상 감사함을 잊지 말아야 하며 이 세상을 아름답고 사랑스럽게 만들 수 있습니다. 제가 여러분을 위하여 육자(六字) 진언(眞言)을 말씀드리고 여러분의 가르침을 받도록 하겠습니다. '감은(感恩)·분향(分享)·결연(結緣)'이 여섯 글자입니다. 이것은 나의 모든 일의 출발점입니다. 즉 감사한 마음, 나누는 마음, 좋은 인연을 맺는 마음을 가지면 살아가는 데 선연을 가질 수 있을 것입니다."

　법당을 가득 메운 신도들은 스님의 말씀 하나하나를 놓치지 않으려고 했다. 이어 차실에서 찻자리가 마련되었다. 스님은 차 한 잔에 대한 답례로 "선이란 오고감이 없는 것이자 또한 오고갈 수 있는 것이라고 할 것이다"라고 말한 뒤 "하지만 조주 스님께서는 '차나 한 잔 드시게'로 대중을 제접했다"고 했다.
　찻자리가 끝난 뒤 정혜 스님은 "대중이 도복을 통일해 입고 발우공양하는 모습과 한결같이 선에 몰입하는 모습은 인상적"이라고 말한 뒤 "중국에 들어가면 이 생활선수행법을 중국선수행에 적극 도입할 것"이라며 "오늘날 백림 선사수행의 지침이 되고 있는 각오인생 봉헌인생과 일치된다"고 말했다. 마치 조주 선사가 끽다거로 평상심의 도를 실현해 오면서 중생을 널리 제도하는 모습을 보는 듯 했다고 피력했다.

천하조주세계선
차문화교류대회
에서 집전하는
모습.

방한 4일째인 2004년 10월 21일 조계종 총무원을 예방한 뒤 조계종 총무원장 법장 스님과 정혜 스님의 다담(茶談)이 이루어졌다. 두 나라 불교지도자는 "한국과 중국이 마치 흐르는 물과 같이 우호관계를 이어왔다"고 인식하고 "차문화를 통해 한중 양국의 불교가 앞장 서서 더욱 큰 발전이 이루어지길 기대한다"고 말했다.

이어 명원문화재단의 김의정 이사장은 "이번 명원상시상식에 무상선다례를 다례로 복원한 의미 또한 정중무상 선사가 신라왕자로 태어나 중국 쓰촨성에 들어가 정중종(淨衆宗)을 세워 선과 차를 하나로 묶었던 의미를 되새기기 위해서이다"라고 말했다.

법장 스님과 다담을 주고받은 정혜 스님은 조주의 끽다거 화두가 새겨진 찻잔을 선물했고 법장 스님은 팔만대장경 경판을 새긴 목판을 선물했다.

이어 운현궁에 들러 생활다례를 보았는데 정혜 스님은 그 모습을 관심 있게 지켜본 뒤 운현궁 뜰을 거닐다가 유치원 학생들이 다례를 배우러 오는 장면을 흥미롭게 지켜보며 "어릴 때부터 차에 몰입하는 광경에서 한국차의 미래가 보인다"면서 놀라워했다.

1200년 전 조주의 차 한 잔으로 맺어진 인연은 2001년 10월 19일 '한중우의조주고불선차일미기념비' 건립의 계기가 되었고, 그 뒤 필자와의 깊은 우정으로 정혜 스님은 한·중차문화발전에 적지 않은 기여를 해왔다.

정혜 스님은 특히 끽다거의 현장 백림선사 방장이란 상징성이 크고, 따라서 차인들이 다반사로 쓰고 있는 '차나 한 잔 들게나'가 천 년의 시간을 뛰어넘어 오늘 한·중이 다시 만나는 계기가 되기도 했다. 법장 스님은 "선차가 둘이 아닌 것처럼 한·중이 선차로 화합하길 기대한다"고 말했다.

정혜 스님은 3세에 동진 출가했고 문화혁명 시기 존폐위기에 놓였던 중국 불교를 살린 허운 대사의 선농일치 사상을 이어 운문종 13세 종통을 계승했다. 최근 스님은 조주 끽다거의 고향인 백림선사의 방장 자리를 제자인 명해 스님에게 넘겨주고, 허베이성 당양 옥천사와 황매현 4조사 방장을 맡아 눈부신 활약을 하고 있다.

천 년간 시·공간을 뛰어넘은 한·중의 차 한 잔의 만남은 새로운 희망이 아닐 수 없다. 정혜 스님은 한국 선차문화계를 둘러본 뒤 필자에게 〈한국차문화유감(有感)〉이란 차시 3수를 보내왔다. 차시에 대한 송은 다음과 같다.

茶香禪意海東情	차의 글과 선의 뜻에 해동의 정 있으니
不惜殘年夢里身	남은 생애 꿈 속의 몸이 애석치 않도다
千載黃金新紐帶	천 년 역사에 황금같은 새로운 유대 맺으니
一杯淸茗亨和平	한 잔의 맑은 찻잎에 화평을 누리도다
茶道傳心愧趙州	차의 도에 마음을 전하자니 조주에 부끄럽고
難將一味酬高獻	한맛을 받아 높은 길을 가지기 어렵도다
西窓殘日無他事	서창에 남은 해는 다른 일이 없으니
坐聽禪河泪泪流	앉아서 빙그레 웃으니 선의 강은 흐르고 흐르도다
趙州茶味是禪心	조주의 차맛은 바로 선의 마음이니
一种平怀貫古今	한 가지로 평탄한 마음 고금을 꿰었도다
話到离言眞實義	말을 떠나 진실한 곳에 이르러 살어서 손 잡으니
庭前柏子最傳神	뜰 앞의 잣나무는 가장 신묘함을 전하도다

선차禪茶의 오묘한 정신을 세계에 전하자

趙州禪茶頌   조주 선차송
爲天下趙州禪茶文化交流會而作   천하조주선차문화교류회를 위해 짓다

趙州一碗茶 今古味無差   조주의 한 잔의 차는
                            예나 이제나 다름없는 맛이로다
根植菩提種 葉抽智慧芽   보리의 종자로 뿌리를 내리고
                            지혜의 싹에서 잎이 피도다
瞿曾雲記莂 鴻漸復添蛇   구담이 일찍이 싹을 내니
                            자손들이 접차 다시 줄기를 더했도다
甌注曹溪水 薪燒鷲嶺椏   사발에 조계수를 부어서
                            영축산 고개의 나뭇가지를 때도다
虛空爲玉盞 雲水是生涯   허공을 옥잔으로 삼고
                            운수가 생애로다
著意嘗來淡 隨緣得處佳   뜻을 붙여 맑은 맛을 보고
                            인연따라 아름다운 곳을 얻도다

※ 2001년 10월 제1차 천하조주세계선차문화교류대회 개막 법어.

正清和雅氣 喜舍慈悲花	바르고 맑음과 화아한 기운이요
	희사와 자비의 꽃이다
上供諸佛祖 平施百姓家	위로는 제불조에 공양하고
	고르게 백성들 집에 베풀도다
人人親受用 處處絶塵渣	사람들이 친히 수용하고
	곳곳에 티끌 때가 끊어졌다
林下淸和滿 塵中敬寂誇	숲 아래 청화함 가득하고
	저자 가운데서도 경적함을 자랑하도다
千年逢盛會 四海頌蒹葭	천년에 성대한 모임을 만났으니
	사해의 칭송이 갈대와 같도다
三字禪茶意 和風送邇遐	세 글자 선차의 뜻
	바람에 실리어 멀리 보내도다.

－정혜 스님(2005年 10月 13日)

황금빛 수확의 계절을 맞이하여 선차의 발원지 허베이에 모여 맑고 그윽한 조주선차를 음미하면서 선차문화의 오묘한 정신을 토론하고, 아울러 선차에 대한 나름의 체험을 나누게 되었습니다. 이는 매우 소중한 기회입니다. 이에 저는 허베이성불교협회와 백림선사를 대표하여 이 자리에 모이신 여러분을 뜨겁게 환영하고 아울러 진심으로 감사드리는 바입니다.

중국 문화의 일부인 선차문화는 중국 전통문화의 정신이 일상에 자리 잡고 승화된 것입니다. 어떤 학자는 "중국의 전통 문화 가운데 유가문화의 정신은 '정(正)'에 집중적으로 구현되고, 도가문화의 정신은 '청(淸)'에 집중적으로 구현되며, 불교문화의 정신은 '화(和)'에 집중적으로 구현된다"고 말합니다. 다시 말해서 유가는 정기(正氣)를 위주로 하고, 도가는 청기(淸氣)를 위주로 하며, 불교는 화기(和氣)를 위주로 한다는 것입니다. 그렇다면 중국문화에 있어서 차문화의 정신은 어떤 것이 되겠습니까? 아마도 '아(雅)'라는 말로 표현할 수 있을 것입니다. 고금의 차인이라면 누구든 차를 음미하면서 마음을 이야기하는 것을 아사(雅事)로 간주하고, 차인을 아사(雅士)로 여겼습니다. 정·청·화·아의 네 가지는 중국 전통문화의 주요한 정신을 개괄하는 것이라고 하겠습니다. 선과 차가 결합하여 생긴 '선차문화'에는 유가의 정기, 도가의 청기, 불교의 화기가 담겨 있으며 여기에 차문화 자체의 아기가 담겨 있는 것입니다. 정·청·화·아가 어울림으로써 선차문화의 근본정신이 완전하게 갖추어진 것입니다.

선의 정신은 깨달음[悟]에 있고, 차의 정신은 우아함[雅]에 있습니다. 깨달음의 반대는 미혹됨[迷]이고, 우아함의 반대는 속됨[俗]입니다. 미혹됨에서 깨달음에 이르는 것은 깨달음을 얻기 위한 오랜 참선의 과정이며, 속됨에서 우아함에 이르는 것은 오랫동안 견디며 수양하여야 하는 과정입니다. 미혹됨이란 '탐(貪)·진(嗔)·치(痴)'에 빠지는 것이고, 깨달음이란 '계(戒)·정(定)·혜(慧)'를 얻는 것입니다. '탐·진·치'는 삶의 수양에서 반드시 제거해야 하는

세 가지 해독이고, '계정혜'는 삶의 성취에서 반드시 닦아야 하는 세 가지 배움입니다. 삶에서 세 가지 해독에 매달려 깨달음을 얻지 못한다면 이는 미혹된 인생인 것이며, 세 가지 배움을 수양하여 깨달음을 얻게 된다면 이는 깨달은 인생이 될 것입니다.

삶에서 세 가지 해독에 매달려 미혹되는 것은 일상을 벗어나지 않습니다. 또 세 가지 배움을 수양하여 깨달음을 얻는 것도 일상을 벗어나지 않습니다. 삶이란 일상에서 미혹되고 또 일상에서 깨달음을 얻는 것입니다. 미혹됨과 깨달음은 모두 같은 데서 비롯됩니다. 즉 당하의 한 가지 생각에서 미혹되거나 깨닫게 되는 것입니다. 선차문화는 독특한 심성(心性) 수양법의 하나입니다. 즉 당하의 깨달음을 강화하여 미혹됨에서 깨달음에 이르고, 속됨에서 우아함에 이르는 것에 그 목적을 둡니다. 마음이 미혹된다면, 선(禪)은 선이고 차(茶)는 차이며, 맑은 것은 맑은 것이고 흐린 것은 흐린 것일 뿐입니다. 또 우아한 것은 우아한 것이고, 속된 것은 속된 것일 뿐입니다. 하지만 마음이 깨달음을 얻는다면, 선이 곧 차이고 차가 곧 선이며, 맑은 것이 탁함이 되고

탁한 것은 맑게 변하게 됩니다. 또 우아한 것이 속되게 되고, 속된 것은 우아하게 변하게 되는 것입니다.

선차문화의 정신은 '정·청·화·아'입니다. 이는 선차문화가 철학이나 윤리학과는 다른 독특한 사회적 화육(化育) 기능을 지니게 만들었습니다. 선차문화는 인문적(人文的) 관심에서 떨어질 수 없고, 일상적 삶과 유리될 수도 없습니다. 또 선의 깨달음에서 분리될 수 없으며, 청정하고 담백하고 고결하며 번뇌를 씻고 조화에 이르게 하는, 차를 통한 수양과도 분리될 수 없습니다. 이렇게 본다면 선차문화의 기능은 감은·포용·분향·결연의 네 가지로 개괄하는 것이 가장 합당할 것입니다. 이론과 실제를 융합시키고, 또 우아함과 속됨을 포용하는 것은 일상에서 보편적으로 실천할 수 있는 의미를 지닙니다.

감은의 마음으로 차를 마신다면, 차는 단순한 차가 아닐 것입니다. 그것은 인문정신으로 충만하고, 천지만물과 서로 조화를 이루며, 서로를 도와 성취시키는 정신이 가득함으로써 어긋난 기운을 녹이고 바른 기운을 발양하고, 조화로운 기운을 이룩하게 될 것입니다.

포용의 마음으로 차를 마신다면, 사람의 은혜와 원망은 마치 정결한 찻물에 그윽한 향기를 녹여내는 찻잎처럼 서로의 심신을 도야토록 도울 것입니다. 찻잔을 들고 서로를 존경하는 가운데, 사람의 정기ㆍ청기ㆍ화기가 실천될 것입니다.

분향하는 마음으로 차를 마신다면, 자신의 마음을 미루어 남을 헤아리는 어진 마음을 기르게 될 것입니다. 사람들 사이에 얼마나 많은 어려움이 있는지, 또 세상에는 어떤 문제들이 있는지를 헤아리게 될 것입니다. 상대를 사랑하고 공경하는 마음을 가진다면 사욕을 줄이고 공공심을 기르고, 냉정함을 줄이고 사랑의 마음을 기르게 될 것입니다.

결연하는 마음으로 차를 마신다면, 차의 지극한 맛을 통하여 모든 이들이 차연(茶緣)ㆍ선연(善緣)ㆍ법연(法緣)을 맺게 될 것입니다. 그리하여 불법(佛法)의 지혜, 부처의 자비, 차의 향기, 선(善)의 조화를 통하여 삶을 정화하고 사회를 조화롭게 만들 것입니다.

선차문화의 정신은 '정ㆍ청ㆍ화ㆍ야'이고, 선차문화의 기능은 '감은ㆍ포용ㆍ분향ㆍ결연'입니다. 정기를 감은 속에 녹이고 청기를 포용 속에 녹이며, 화기를 분향 속에 녹이고 아기를 결연 속에 녹이는 것입니다. 선차문화의 네 가지 정신과 기능을 발양하고 실천함으로써 부단히 새로운 경지를 열고 경험을 쌓고 마음을 모아 갈등을 풀고 소질을 제고하고 인간관계를 조화시키게 될 것입니다. 이것이 곧 선차문화를 발양하는 사회적 가치인 것입니다.

이번 천하조주선차문화교류대회는 매우 훌륭한 첫걸음입니다. 앞으로 보다 많은 기회가 주어져 더 많은 선차문화 애호가들이 오늘처럼 한 곳에 모여 함께 선차의 정기ㆍ청기ㆍ화기ㆍ아기를 누림으로써 이 번잡한 세상에 도움이 될 수 있기를 기원합니다.

중국 저명 차 연구가
구단(寇丹)

한 잎의 찻잎이 모여
사람의 마음을 이어준다

구단(寇丹)

1934년 베이징 출생, 만주족 무당파(無黨派) 1945~1950년 독학 1990년 국가가 '자학성재자(自學成才者)' 칭호 수여 2000년 싱가포르에서 개인차화전 2001년 유방산동차인회관에 구단차문화서화도예관 개관 **현재** 중국국제차문화연구회 이사, 오각농다학사상연구회(吳覺農茶學思想研究會) 이사, 한중일 국제다도연합회 자문위원, 오문(澳門)중화다도회 고문, 산둥성·산시성·주해 지역 차문화연구기구 고문, 〈차의 세계〉 해외 편집위원.

저서
2001년 《육우와 다경연구》 2005년 《석옥과 태고어록》 2006년 《감호(鑑壺)》

하나의 찻잎이 모여
수많은 찻잎을 이루듯 차가 널리 퍼지길

50년 전까지만 해도 육우(陸羽)가 세상에 그다지 알려지지 않았을 뿐더러 중국의 음다인들 사이에 그의 존재가 알려지지 않았다. 그러나 오늘날 음다인들 사이에 모르는 사람이 없을 정도로 육우는 다성으로 불리고 있다.

육우는 22살 되던 해 온통 차에 마음을 빼앗겨 버렸다. 그로부터 11년 뒤 《다경(茶經)》을 완성한다. 천 년이 지난 오늘 그는 하나의 점에 불과했다. 그러나 중국 현대 차학을 이끌어 온 오각농(吳覺農)이 《다경》의 평석을 쓰면서 하나의 점에 불과했던 육우가 음다인들 사이에 회자되기 시작했다. 그럼에도 불구하고 육우가 만년을 보낸 저장성 호주(湖州) 사람들은 그를 그다지 알고 있지 않았다.

육우를 세상 밖으로 끌어낸 사람은 다름 아닌 구단(寇丹)이었다. 구단은 한족들 입장에서 볼 때 아웃사이더였으며 방랑인이었다. 그는 만주족의 후예로 언제나 방외인의 삶을 살았다. 그런 점에서 구단은 한족의 입장에서 볼 때 희망이었다. 사회주의 국가에 구속받지 않는 방외인의 삶을 살면서 10가지의 재주를 익힐 수 있었다. 그는 화가요, 때로는 시인이요, 서예가로 차인의 길을 걸어오면서 행복한 삶을 살다가 육우를 만나면서 그의 사상에 푹 빠져들었다. 그가 오랜 방랑의 길을 접고 호주에 정착하면서 육우를 만났고 그를 만

구단 | 109

나는 사람들에게 육우를 세상에 알리기 시작했다.

구단은 만나는 사람마다 첫인사를 이렇게 했다. "나는 하나의 찻잎입니다. 찻잎이 여러 개 모여 수많은 찻잎을 이루듯 나는 하나의 찻잎에 불과합니다."

그처럼 구단은 육우의 정신이 살아있는 호주(湖州) 사람들에게 하나의 희망을 주었다. 육우는 당 현종 시기 안사의 난이 벌어졌을 때 그의 고향 천문을 떠나 호주로 온다. 그리고 시승 교연(皎然)을 만나면서 비로소 차에 빠져들어 마침내 765년 《다경》을 완성하기에 이른다.

육우가 안사의 난을 피해 그의 고향 후베이성 천문에서 호주로 온 것처럼

구단 선생과
대담 중인 필자.

구단 또한 고향 만주(滿州)를 떠나 머나먼 방랑의 길을 걷다가 저장성 호주에
정착하기에 이른다. 그가 스스로 무당파(無黨派)로 차에서 인생의 진리를 논
하면 그의 주변에는 늘 사람들이 찾아와 차와 인생을 이야기한다.

2004년 11월 10일 영명연수(永明延壽, 904~975) 선사 탄신 1100주년을
맞아 기념학술회의에 발표자로 초대 받아 항주에서 학술연토회를 마치고 호
주를 찾게 되었는데 그때 구단과 함께 청나라 건륭 연간에 발견된 안길백차
나무를 공동 답사하기로 약속하고 다음날 아침 안길을 찾았다. 안길은 80년
된 백차가 발견되어 세상에 알려졌다. 백차는 북송 때 휘종이 잔미한 뒤 유명
하게 되었다. 이 대담은 안길백차밭에서 극적으로 이루어졌다.

이렇게 백차밭에서 한·중차문화 발전에 대해 진지하게 인터뷰를 하게 되어 매우 기쁩니다.

"〈차의 세계〉편집인이신 최석환 선생과 이렇게 차밭에서 차문화를 토론하게 되어 저로서도 영광입니다. 하나의 찻잎이 모여 여러 개의 찻잎을 이루듯 오늘 이런 자리는 한·중차문화 발전에 견인차 역할을 할 것으로 기대합니다."

선생과의 만남은 매우 각별합니다. 그때가 2004년 8월 말경이었지요. 첫 만남에서 일전하는 토론을 하고 우정이 싹텄지요. 그때 선생은 11월 10일자 〈호주신문〉에 우리의 아름다운 만남을 글로 쓰셨습니다.

"그렇습니다. 그때 그 만남은 우리 둘만 간직하기가 아쉬워 신문에 기고를 했습니다. 벌써 3개월이 지났는데 어제일처럼 새롭군요. 나는 그때의 만남을 〈호주신문〉에 다음과 같이 자세히 적었지요.

지난해 말 한국 〈차의 세계〉편집인이 다음 날 귀국으로 인해 밤 11시 후에 만날 것을 약속하고 약 2시간 정도 호주차에 대해 이야기를 나누었습니다. 그때 〈차의 세계〉편집인과 이런 말을 주고받았지요. 호주에 몇 사람에게 여쭈어도 석옥청공에 대해 아는 이가 적고, 모르고 있는 이가 많으니 어찌된 영문인지 모르겠다고 내게 말해 오면서 그 분은 "참, 호주인인가요"라고 질문해 왔습니다. 이에 나도 몇 번에 걸쳐 〈호주신문〉에 소개한 바 있다고 말하자 그는 갑자기 다시 물었습니다. "석실(石室: 석옥청공 선사를 말함)이 심은 15그루의 차나무가 있는지요"라고 묻자 "과연 750년 전에 심은 차나무가 어떻게 아직도 있겠습니까"하고 답했습니다.

이런 내용을 〈호주신문〉에 기고했지요."

선생의 지론을 하나의 찻잎에 비유하는데 그 이유는 무엇입니까.

"하나의 찻잎이 모여 수만 개의 찻잎을 이루듯 차문화가 세계로 퍼지라는 염원에서 그렇게 말한 것입니다."

'하나의 찻잎'에 비유되는 선생의 인생역정이 매우 극적입니다.

"나는 원래 만주족(滿洲族)입니다. 그래서 스스로 무당파라고 말하지요. 나는 1934년 베이징에서 태어났는데 3살 때 일본군의 침략으로 유랑생활을 16살 때까지 했습니다. 그로 인해 책을 볼 기회가 없었고, 오직 독학으로 학문의 성과를 이루었지요. 한때 혁명군에 참가를 했었고 그때 인민이 간절히 평화를 원하는 것을 느꼈는데 어찌하면 인간이 평화를 이룰 수 있을까 고민하게 되었습니다. 그때 평화를 이루는 길은 오직 차밖에 없다는 것을 알게 되었지요. 차를 마시면 그 차가 사람의 혈관으로 흐르듯 차문화야말로 동양문화의 진수라는 사실을 알게 되었지요. 그런 뒤에 저장성 호주에 정착을 했고, 그곳이 육우의 사상적 고향이라는 사실을 알게 되면서 호주 사람들에게 육우와 차를 알리게 되었습니다."

그렇다면 당대 육우의 다예가 오늘 중국인들에게 어떤 영향을 끼쳤다고 보십니까.

"중국차문화의 기원은 약 5천 년으로 보고 있지만 765년 육우가 《다경》을 저술하면서 차가 자리잡았지요. 당대에 다도가 성행한 문화적 기초는 선풍(禪風)이 크게 성한 것인데 이것이 바로 차가 전파된 우익(羽翼) 구실을 한 것입니다."

2005년 8월 말 중국 후베이성 황매현 4조사에 백림선사 방장이신 정혜 스님이 방장으로 취임하고 그곳을 선차의 고향으로 탈바꿈하기 위해 첫 선학학술연토회를 열었습니다. 그때 구단 선생께서는 주로 어떤 내용을 발표했습니까.

　정혜 스님의 초대를 받아 〈끽다(喫茶)의 선적(禪的) 사유와 선의 미(美)〉를 발표했는데, 그 내용은 이런 것이었습니다. 차는 마치 소리 없는 혈관처럼 세상 사람들에게로 흘러들어 서로 밀접한 사회적 관계를 만들어냅니다. 한 잔의 차에 담긴 투명한 물은 천지와 우주의 기운이 우리 개개인의 몸 안으로 녹아들게 합니다. 한 잔의 차 속에 담긴 당신은 작은 이파리 하나에 지나지 않을 뿐입니다. 그러나 당신과 나 그리고 그가 있기에 우리는 비로소 투명한 찻물 속에서 그윽한 차의 향기를 우려낼 수가 있다고 말했습니다."

　차문화의 발전은 다예문화의 발전에 적지 않은 영향을 끼쳤지요.
　"그렇습니다. 다기는 차의 아버지입니다. 진흙과 불이 어우러진 가장 완벽한 도기나 자기를 만들어냈습니다."

　육우가 《다경》을 쓰지 않았다면 오늘날 차문화는 어떤 모습이겠습니까.
　"육우가 쓴 《다경》은 옛 문화의 결합입니다. 그것은 정신문화와 과학의 결합이라고 볼 수 있습니다."

　만약 차를 만나지 않았다면 선생은 어떤 삶을 살았을것 같습니까.
　"내가 차를 만나지 않았다면 유랑생활을 했을 것입니다. 나의 마음은 차를 통한 평화 · 화평을 부르짖지요."

　다신을 이야기할 때 많은 사람이 거론되는데 이 점을 어떻게 보는지요.
　"중국의 다신은 육우입니다. 한국의 다신을 초의로 받들 듯 중국은 각 지방마다 모시는 다신이 있어 숭배의 대상이 있지만 차의 다신은 육우로

봐야 되겠지요."

최근 '다선일미' 라는 말이 유행하고 있습니다.

"원오극근 선사가 다선일미를 언급한 이후 선과 차는 그림자처럼 뗄 수
없는 관계가 되었고, 아울러 차에 대한 일종의 숭고한 사명을 부여함으로
써 자그마한 찻잎에 인류의 한 가지 문명을 담고 있습니다.

중국과 한국은 세계 문화 상에서 닮은 점이 많습니다. 따라서 두 나라의
문화를 보면 공통점이 많습니다. 앞으로 한국과 중국이 다예를 통해 많은
교류가 이루어질 것으로 기대합니다. 요즘 한국 차인들이 앞을 다투어가
며 중국에 와서 다예사 자격증을 따는 풍조는 유행처럼 번져가고 있지요.
중국 다예가 한국인들을 사로잡은 결과입니다."

귀한 시간 좋은 말씀 감사합니다. 끝으로 차문화의 비전에 대해 한 말씀 해주십
시요.

"차를 통해 세계 화평의 길이 이루어질 것으로 확신합니다."

풀[艸]과 나무[木]가 모여 '차(茶)' 라는 말이 탄생하듯 구단에게 듣는 차 이
야기야말로 차와 사람과 인생의 행로를 결정짓는 소중한 결실을 일깨워준다.
한 잔의 차가 사람의 혈관으로 들어가 흐르듯이 차문화가 문명의 하나로 자
리매김 할 것으로 확신한다는 그의 말이 차문화의 새로운 메시지를 던져준
다.

한문화권漢文化圈 선차의 융합과 발전

　새천년 모두의 황금빛 가을에 중국 허베이성불교협회와 한국 〈차의 세계〉 사가 공동 주관하는 '천하조주세계선차문화교류대회'가 백림선사에서 개최되었습니다. 이는 한문화권의 대덕·고승·학자·전문가들이 한자리에 모인 대규모 회의로, 금세기의 선차학술과 개인적 수지(修持) 및 사회규범의 발전에 큰 도움이 될 것입니다.

　지난 20세기에 사회의 여러 방면을 파고든 과학기술과 물질문명의 발전은 사람들의 삶에 있어서 유례없는 효율과 편리를 가져다주었지만 동시에 현대산업의 부정적 결과 또한 점차 그 모습을 드러내고 있습니다. 생물 멸종의 가속화, 지구 기후와 생태환경의 급격한 악화, 전염병의 잇단 발병과 더불어 두 차례의 세계대전에 따른 각종 도덕적 위기 및 핵위협과 테러리즘 등은 매우 복잡하고 잔혹한 모습을 보여줍니다. 많은 사람은 물질과 정신은 반드시 균형을 이루어야 한다는 사실을 이미 인식하고 있을 뿐 아니라, 최대한 빨리 그 균형이 잡히기를 염원합니다. 한문화로 대표되는 동방문화는 이런 균형의 질서를 잡는 역할을 충실히 수행하고 있습니다. 뿐만 아니라 그 가치 또한 갈수

※ 2001년 10월 제1차 천하조주세계선차문화교류대회 발표문.

록 커지고 있다는 것은 주지의 사실입니다. 특히 연기사상(緣起思想)을 특징으로 하는 불교 정신은 무엇으로도 대신할 수 없는 독특한 가치와 의미를 지닙니다.

사람은 우주와 자연 사이에 난해한 많은 문제점을 지니고 있습니다. 이에 뿌리 없는 부평초처럼 떠돌지 않고자 신앙에 기대고, 이를 자기 생활의 정신적 지주로 삼으려 합니다. 지금 중국은 사회 조화를 이루려는 목표를 세우고 있습니다. 이는 사람이 자연이나 사회와 공존하면서도 개인의 내면과도 조화하는, 연기화합과 상생공존의 이기이타(利己利他)의 정신을 그대로 반영하는 것입니다. 선과 차는 그 문을 여는 열쇠입니다. 선차는 동아시아 민족이 특히 친밀감을 느끼는 대상입니다. 한문화권에서 살아가는 사람들은 한 잔의 차에서 공동의 언어를 찾고 또한 응집된 힘을 얻습니다. 지구상의 물줄기는 인위적 국경선에 기대지 않고 자유롭게 소통하는 것이기 때문입니다.

동아시아의 총아로 떠오른 선차

'선과 차는 둘이 아니며', '만 가지 법은 하나로 귀일됩니다.' 천 2백여 년 전 우리가 서 있는 바로 이 땅에서 조주 선사의 '끽다거(喫茶去)'라는 삼자선(三字禪)이 나왔습니다. 이는 지금도 사람들의 입에 오르내리며 다양한 해석이 쏟아지고 있습니다. 이 세 글자 중에서 '차(茶)' 자는 문자상의 '차'인 것만은 아닙니다. 또한 물질상의 차를 의미하는 것만도 아닐 것입니다. 당시 조주 선사가 머물던 관음원은 퇴락한 일개 사찰에 지나지 않았고, 조주 선사 자신도 사방을 떠도는 '시골 스님'에 지나지 않았습니다. 그런데도 끊임없이 사람들이 찾아와 차를 마셨습니다. 차를 넉넉히 마시지 못한 이들은 원망을 하기도 하였습니다. 이는 차가 생산되지 않는 북방에서도 날마다 차를 마시는 것이 보편적이었음을 의미합니다. 조주 선사의 '끽다거'는 형언하기 어렵습니다. 많은 사람들이 '끽(喫)' 자와 '차(茶)' 자에 대해서는 다양한 견해들을 내놓지만, '거(去)' 자 한 자를 설명하지 못하기 때문입니다. "부질없는 백 마디 천 마디 게송도 차 한 잔 마시고 가는 것만 못하다"고 하였으니, 이 '거' 자에 대해서도 연구할 만합니다. 우리가 이런 화두 참구의 방식을 터득한다면, 오늘의 이 모임에서는 누구든지 한 잔 차 속에서 느끼는 선의에 몸을 적시게 될 것입니다.

차가 동아시아 지역에서 총아로 떠오른 것은 이 지역 국가들이 농경사회를 기초로 발전하였기 때문입니다. 대자연의 규율은 인간의 삶과 어울려 질서와 도덕에 있어서 동양적 표준을 만들었습니다. 당대부터 궁정·사대부·승려·평민대중은 제각각 나름의 차문화권을 형성하였습니다. 차는 한국으로 전해져서는 다례를 이루었고, 일본으로 전파되어서는 다도로 변모하였습니다. 한국과 일본에서의 차사는 한문화가 지닌 유·불·도 삼위일체의 정신적 특질을 지닌 것으로 발전하였습니다. 이는 천지·인륜·상하 간의 윤리도덕 시스템을 반영한 것입니다. 중국은 차사가 회복된 이후 20년 동안에 형식 중심이던 각 민족과 차 산지의 차사가 보다 높은 수준의 문화적 내용을 추구하

다선일미의 발상지인 후난성 협산사의 협산천 동굴에서 《벽암록》이 만들어졌다.

는 방향으로 선회하였습니다. 뿐만 아니라 관련 종사자들의 자질 또한 크게 향상되었습니다. 상업화와 형식화 그리고 학술적 성과주의의 경향을 극복하고 앞으로는 한층 밀접한 상호 교류가 이루어질 것이라고 믿습니다. 대만은 경제발전을 이룩한 이후에 다시금 차에는 중화민족의 정신적 명맥이 담겨 있다는 사실을 발견하였습니다. 싱가포르의 75%에 달하는 중국계 사람들은 중국의 국제적 위상이 높아지고 경제가 신속하게 발전하자 커피에서 중국차로 취향을 바꾸고 있습니다. 싱가포르의 한 의원이 "싱가포르는 우아한 문화를 통해 우아한 사회를 건설하려고 합니다. 우아한 문화를 대표할 수 있는 것으로 무엇이 있겠습니까? 우리는 중국차를 찾아냈습니다"라고 말하던 것을 또렷이 기억합니다. 이들 지역이 차를 중시하게 된 것은 이것이 국적·언어·피부색·종교·생활관습이 서로 다른 사람들을 결속하여 서로 존중하고 융합하도록 할 수 있기 때문입니다.

　중국 대륙은 외세의 침략과 내전을 거친 지 이제 백여 년이 지났습니다. 차가 주는 평온함은 많은 이들의 마음을 대변합니다. 각종 차사와 차에 대한 연구 활동이 단기간에 유례없는 성황을 누리는 것은 결코 우연이 아닙니다. 지금 세계 어디에나 동아시아인이 있는 곳이라면 동아시아의 차가 있습니다. 다선일체와 의식적으로 연관되는가와 상관없이 그들이 음다를 통하여 그윽한 정취를 체득하고, 물처럼 고요히 사색에 잠길 수 있으리라는 것은 충분히 짐작할 수 있습니다. 얼마간의 깨달음을 얻는다면, 그들은 또 다른 마음의 눈을 열고 청신한 심령을 맞이하고 기쁘게 선(禪)을 받아들일 것입니다. 지금 이 순간에도 우리는 천 년 전의 청빈하고 고단했던 삶을 상상할 수 있습니다. 옷차림조차도 변변치 못했을 조주 선사의 큰 지혜와 대자비의 정신은 백림선사 '뜰 앞의 잣나무'가 여전히 그 푸른 모습으로 증거하고 있습니다. 그리고 여러 세대 선인들을 거치며 그 법맥이 이어지고 있습니다.

끽다거의 진정한 정신은 '다선일미'의 생활화

　선종(禪宗)은 선정(禪定)·점오(漸悟)·돈오(頓悟)에서 비롯되어 지금까지 계승되지만, 사회의 커다란 변화에 따라 선의 현대화도 필연적 추세입니다. 10여 년 전 정혜 스님께서는 '생활선'의 이념을 제기하셨습니다. 필자는 세 차례의 대학생 여름캠프에서 20여 개 성(省)·시(市)에서 참가한 많은 교수·학자 및 외국 유학생·외국 선사들과 대화하면서, 긴장감이 높은 생활일수록 자신의 소외감·울적함·번뇌·욕심·집착 등의 현대병을 조절할 수 있는 고요한 수습의 시간이 필요하다는 것을 깨닫게 되었습니다. '생활선'은 '삶의 의미를 깨닫고, 삶에 봉사한다'는 적극적이고 진취적인 불교의 교리를 내보인 것입니다. 젊은이들의 절실한 심리적 문제를 해결토록 도와 스스로의 마음을 착하게 하고, 나아가 생활에 있어서 자아의 수양과 외물에 응대를 잘

할 수 있도록 해주는 것입니다. 개인과 사회, 동아시아의 국가와 국가, 동양과 서양의 관계에 있어서 우리 스스로 차와 같은 존재가 된다는 태도를 가져야 합니다. 아울러 선을 통해 얻는 지혜를 사회에 되돌려주어야 할 책임이 있습니다. 한 세대 한 세대의 노력이 이어진다면 세상의 모든 것들은 결국 평형을 얻게 될 것입니다. 천 년의 역사는 결코 아득한 것이 아닙니다. '다선일미'는 바로 눈앞에 있는 것입니다. 차가 사회의 기층과 일상생활에 파고들 때 '끽다거'는 진정으로 실천될 것입니다.

조주 선사가 돌아가신 지 4백여 년이 지나 저장성 호주에서는 석옥청공(石屋淸珙, 1272~1352) 선사가 나왔습니다. 그는 2만 자에 달하는 어록과 선시(禪詩)를 남겼고 조주 선사의 가풍과 어투를 계승하였습니다. 뿐만 아니라 최초로 물 마시고 밥 먹고 잠자는 동안에 실천하는 생활선을 실천한 분입니다. 백림사 〈선(禪)〉의 주편(主編) 민요(民堯) 거사와 한국 〈차의 세계〉 최석환 사장의 다양한 자료 제공을 받으며 필자는 주민(朱敏) 여사와 더불어 석옥청공 선사가 머물렀던 하무산(霞霧山)을 수 차례 탐방하고, 그의 어록과 '산거시 (山居詩)' 및 보우(普愚) 선사의 행장(行狀)과 탑명(塔銘)을 모아 출판하였습니다. 일찍이 원대(元代) 지정(至正) 7년(1347)에 고려의 보우 선사는 하무산 천호암(天湖巖)으로 석옥청공 선사를 참방하여 가사와 선장을 물려받았으며, 귀국해서는 국사가 되고 또 한반도에서 임제종(臨濟宗)의 초대 종사가 되었습니다. 송나라 당시 저장의 천태(天台) 국청사(國淸寺), 여항(余杭) 경산사 (徑山寺)와 일본 선차의 관계 및 교류에 대한 역사는 잘 알려져 있지만 원나

라 당시 호주 천호암의 고려에 대한 전법에 대해서는 아는 이가 무척 드뭅니다. 이것이 바로 앞서의 일을 행한 목적입니다. 보다 많은 이들이 중국과 한반도의 문화 교류를 알게 하려는 것입니다. 지금 우리는 상호 간의 우호관계를 회복하였습니다. 이번 회의를 통하여 종교·사찰·선차관련단체를 비롯하여 개인 간의 왕래가 깊어지기를 간절히 기원합니다. 향후 어떤 중차대한 일이 벌어지더라도 우리는 하나의 부처와 하나의 법을 지니고 있고 또 한 잔의 차를 마시는 전통을 공유하고 있습니다. 우리는 분명 평생토록 창조하고 개오할 것입니다. 이는 중생들과 더불어 안녕과 화평을 향유하기 위한 것입니다.

'다선일미'에 대해서는 많은 분들이 견해를 발표해 주셨습니다. 앞서 여덟 명의 국내외 학자도 나름의 깨달음을 밝혀주셨습니다. 이에 필자는 게송 두 편을 지었습니다.

1

柏樹子下吃茶去　잣나무 아래서 차를 마시는데
身在茶中不知茶　몸이 차 속에 있음에도 차를 알지 못한다
苦思冥想無着落　깊은 명상 온데간데 없으니
何如低頭看當下　머리 숙여 당하를 보는 편이 나으리라.

2

吃茶去説千年謎　'끽다거'란 말은 천년의 수수께끼
柏樹開花塔生魚　잣나무엔 꽃이 피고 탑엔 물고기가 산다
四海賓朋蒲團坐　사해의 벗들이 한 자리에 모였으니
打破砂鍋問自己　뚝배기 깨버리고 자신에게 물어보라.

중국차계 태두, 중국 저명 차 연구가

장천복(張天福)

검·청·화·정 속에
　　행복한 차의 길이 있다

장천복(張天福)

1910년 상하이 출생 1930년 유차기 발명 1932년 남경금릉대학 졸업 1932~1934년 복건협화대학 생물학과 조교수 1935~1939년 푸젠성 입복안농업직업학교 교장 겸 푸젠성 건설청 복안차업개량장장 1940~1942년 복건시범차공장 공장장 겸 방황기예전업학교 부교수, 숭안현 초급 차업직업학교 교장 1942~1946년 복건협화대학 부교수, 교수 겸 부속고급농업직업학교 교장 1946~1949년 남경구민정 부농림부 중앙농업실험소 기정 겸 숭안차엽시험장 장장 1949~1950년 푸젠성 인민정부실업청 숭안 차공장 공장장 1950~1952년 중국차엽공사 복건성 분공사 기술과장 1952~1980년 푸젠성 농업청 차엽개선처, 특산처 과장 1956~1857년 푸젠성 차엽학회 첫 이사회 이사장 역임 1980년 푸젠성 농 업과학원 차엽연구소 기술고문 1984년 푸젠성 차엽학회 제3~4회 고문, 제5~7회 명예이사회장 역임 2005년 중화차인연의회 명예이사장 2006년~현재 중화차인연의회 복건차인지가 회장

차계 태두가 들려주는 행복한 차인의 길은
한없는 검儉 · 청淸 · 화和 · 정靜 속에
담겨 있다

장천복 선생과 해후

중국을 통틀어 장천복 선생만큼 존경 받는 차인은 그리 흔치 않다. 그를 가리켜 '살아있는 차계의 어른'이라고 한다. 그는 차계 태두로 존경을 한 몸에 받고 있다. 100세에 다다른 나이가 믿기지 않을 정도로 손수 차를 우려 매일 100여 잔을 음다하는 사실만 보아도 그를 영원한 차인이라고 말할 수 있겠다. 중국차 연구에 공헌한 진종무(陳宗懋)는 장천복 선생을 가리켜 '중국의 차 산업을 일으킨 인물'로 평가했다. 그를 '장차학(張茶學)'으로까지 떠받들고 있다. 2003년 장천복 선생의 차학연토회가 설립되면서 장천복은 장차학이라고 불리기 시작했다. 장차학의 근원은 중국 전통문화의 바탕 속으로 향하는데 단연 장 선생을 차업대사로까지 높이 평가했다. 왜 그를 차계 태두라고 부르게 되었는지 조사해보니 중국 차계를 움직인 10성 중 유일하게 장 선생만이 생존해 있기 때문이었다. 중국에서는 오각농 선생 이후 장천복 선생을 손꼽는다고 했다.

장천복은 누구인가

그는 1930년대 초 입복안농업직업학교(立福安農業職業學校) 교장으로 근무하면서 복안차업개량장(福安茶業改良張)으로 있을 당시 유차기(柔茶機)를 발명하여 중국차 산업 발달에 혁혁한 공헌을 하였다. 그 뒤였다. 1950년에서 1979년 사이 문화대혁명이 일어나자 농촌으로 내려가 노동에 주력하면서 과학적 접근방식을 도입, 차 산업 발전에 박차를 가했다. 그런 차 정신을 높이 받들어 차계의 태두로 한없는 존경을 받아오고 있는 것이다.

장천복 선생은 1910년 상하이에서 태어났다. 다음해 부모를 따라 복주로 옮겨온 이래 줄곧 복주에서 안주하고 있다. 복주 사람들은 장천복 선생을 가리켜 "장 아저씨가 태양을 가져오셨다"고 했다. 그들이야말로 '태양'이라는 차의 신천지를 열게 된 것이 장천복 선생에 의해서라고 서슴지 않고 이야기한다. 복주에 온 뒤 복건협화대학(福建協和大學)에서 남경금릉대학(南京金陵大學) 농학원으로 편입해 차의 길에 들어섰다. 1935년에 푸젠성 차업계량청 점장이 되면서 중국차계의 오랜 숙원이었던 유차기를 발명, 중국차 산업의 신기원을 이룩했다.

필자가 장천복 선생에게 관심을 갖게 된 데는 2006년경 중국 저명 차인 중한 사람인 구단 선생이 푸젠성 복주의 장천복 선생을 주목해보라는 언질을 하였고 평소에 새 문명에 관심이 많은 필자로서 그를 한번 만나 차에 대해 담론을 나누고 싶었기 때문이다. 2006년 7월 무이산을 탐사하면서 숭안현장까지 지낸 조대염(趙大炎)을 만나면서 더욱 장천복 선생을 만나고 싶었다.

장천복 선생을 화두처럼 생각하다가 2004년 1월 장천복 선생의 진면모를 가까이서 볼 수 있는 기회가 왔다.

마침 필자가 2006년 7월 12에서 18일까지 하문을 거쳐 장주, 복주, 무이산을 돌아볼 기회가 있었다. 천복집단의 이서하(李瑞河) 총재의 환대를 받으며 장주의 천복집단에서 일정을 마치고 다음날 복주에 있는 장 선생의 집에서 파란만장한 차 이야기를 들었다.

선생은 고령인데도 차에 대한 열정이 그대로였다. 그래서 그를 가리켜 육우가 《다경》을 쓴 것에 비유해서 "차의 신천지를 열었다"고 말한다. 중국차 연구가인 여열(余悅)은 장 선생을 "중국 인문문화사에 적지 않은 기여를 했다"고 피력한 바 있다. 더욱이 장천복 선생은 중국 다예를 '검·청·화·정'으로 이끌어냈다. 이는 차학사상의 근원이며 중국 전통 차문화의 회복이라고 말할 수 있겠다. 검·청·화·정을 이끌어낸 장 선생의 다도관을 듣는 것은 필자로서는 행운이었다.

장 선생은 아파트에서 검소하게 살고 있었다. 집안을 살피니 온통 차 관련 자료들이었다. 차도구 옆에 《다경》이 놓여 있었다. 응접실 중앙에서 선생이 즐겨 말한 검·청·화·정에 대해 들어보았다. 이 정신이 오늘날 중국 차학의 근간을 이루고 있음을 필자도 뒤늦게 알게 되었다. 건강한 비결을 묻자 "하루의 시작, 하루의 끝을 차로 열고 맺는다"고 말했다. 그 말에서 차계 태두의 면모를 느낄 수 있었다. 그는 하루에 차 100잔씩을 마시고 세 끼 밥을 먹는 것 외에는 별다른 음식을 먹지 않는다고 했다.

푸젠성 농업청 고급 농예사로서 장천복 선생이 중국차계에서 차지하는 비

중은 매우 컸다. 한국에 첫 소개되는 상징적 의미와 〈차의 세계〉를 통해 장천복 선생의 차 정신이 올곧게 소개되는 임무를 맡게 된 필자로서는 행운이었다.

이 많은 차 중에
한국차만 없다

장 선생은 새벽 6시에 일어나면 제일 먼저 물을 끓이고 차를 마시며 하루를 시작한다. 문득 왕포(王褒)의 《동약(僮約)》에 왕포와 편료의 계약문서의 열 가지 잡역 중 차를 끓이고 다구를 세척하는 무양(武揚: 지금의 쓰촨성 팽산현)에 가서 차를 판 것을 규정한 이야기가 장 선생의 차 우리는 장면 위에 겹쳐졌다.

우리가 장 선생을 만난 것은 2006년 7월 15일 오후 2시 30분이었다. 매우 반갑게 우리 일행을 맞이한 장 선생은 먼저 우리를 소파에 앉히고 평소 습관처럼 물을 끓이고 차를 우려내 마시기 시작했다. 차를 한 잔씩 우리 앞에 놓고 잠시 침묵한 뒤 이야기를 꺼냈다.

"이렇게 차계의 태두 장 선생을 한국의 차인들에게 소개하게 되어서 기쁘게 생각합니다"라고 말하자, 장 선생은 필자를 한참동안 쳐다보더니 "저 역시 기쁩니다. 한국의 오래된 차인을 만난 것이 매우 큰 기쁨입니다. 한가지 생각나는 것이 있습니다. 제게 108가지 세계의 명차가 있는데 한국차만 없는

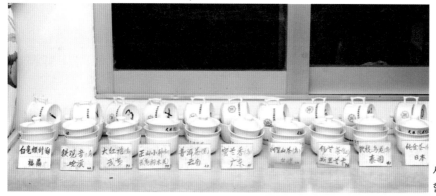

세계 각국의 차를 심평
할 수 있는 심평대.

것이 아쉽습니다"고 말문을 열었다. 필자는 한동안 충격에 휩싸였다.

조선조 때에는 우리 차가 중국의 육안차나 몽산차에 조금도 뒤지지 않았다고 응수했다. 이덕리(李德履, 1728~?)의 《동다기(東茶記)》에도 그 말이 있고, 선생에게 한국의 차맛을 꼭 보여 드리고 싶다고 말했다. 장 선생은 흥미롭게 필자를 바라보았다. 인터뷰 중 장 선생이 일어나더니 우리 일행을 심평실로 데려갔다. 심평실에서 세계 각국의 심평컵이 있어 자세히 들여다보니 백호은침, 철관음, 대홍포와 태국, 일본의 심평컵이 있었다. 그러나 한국의 심평컵은 없었다. 그 모습을 지켜보면서 '그동안 한국차계는 무엇을 했단 말인가, 천여 명에 이르는 다예사 심평원들은 중국차계 태두에게 어떤 한국차를 알렸단 말인가'라고 생각하니 매우 부끄러워졌다. 필자는 중국차계 태두로부터 듣는 한국차의 소중함을 온몸으로 느끼며 한국차를 다시 생각하게 됐다.

다시 마음을 가다듬고 장 선생에게 질문을 던졌다.

지금 세계는 선차 삼매경에 빠져들었습니다. 2005년 세계선차문화교류대회를 한국이 주도하여 개최하였습니다. 이 점을 어떻게 보십니까.

"매우 놀라운 일입니다. 발행인처럼 앞장서는 이를 보며 중국이나 일본이 자극받고 있다는 사실을 들었습니다."

그렇다면 세계의 차문화 발전 방향은 무엇이라고 생각하십니까.

"한마디로 이야기하기는 힘듭니다. 한국과 중국은 역사적으로 문화적으로 비슷한 점이 많습니다. 차를 통해 국경을 초월하고 문화교류를 이루었으면 합니다."

선생께서는 어떤 인연으로 차와 인연을 맺었습니까.

(질문이 끝나자 55분짜리 CD로 된 다큐멘터리를 즉석에서 보여주었다. 그 내용은 장천복 선생의 차와 인생을 다룬 역작이었다. 그 내용 중 천복집단의 완 원장은 "장 선생은 차로 진선미를 추구한 사람"이라고 평했다. CD 방영이 끝나자 장 선생은 말문을 열었다.)

"나는 상하이에서 태어나 부모를 따라 복주에 와 어린 시절부터 차와 인연을 맺으며 자라났습니다. 나는 그 누구보다도 나의 조국을 사랑했습니다. 어릴 때 동포가 참혹하게 당하는 것을 보고 '입이입인(入己立人) 강국강종(强國强種)'의 맹세를 하였습니다. 그리고 나의 차의 열정으로 1930에 유차기를 발명, 중국 차사에 많은 발전을 이룩했었지요."

흔히 장천복 선생을 가리켜 '장차학'이라고 부릅니다. 이 명칭은 어떻게 만들어졌습니까.

"장차학의 근원은 중국 전통문화 위에 차문화를 홍양하겠다는 것이 목적이었죠. 2003년 12월 제1회 내 이름을 딴 차학연토회가 열리면서 시발점이 되었습니다. 그 학술연토회 요지는 내가 그동안 차 산업 발전에 세운 공적과 나의 차학에 대한 연구토론의 장이었지요."

선생께서는 육우의 '정(精)·행(行)·검(儉)·덕(德)'과 또 다른 '검(儉)·청(淸)·화(和)·정(靜)'을 제시했습니다. 웬만한 차인이라면 집에 족자로 걸어두었는데, 그 내용이 어떤 것입니까.

"그 내용을 쉽게 말하자면 중국 다예를 압축해낸 말이지만, '검·청·화·정'은 '다예를 배워 고상한 사람이 되라'는 말입니다. 즉 '검'은 차는 근검소박을 숭상하고 '청'은 청렴결백이요, '화'는 마음을 합쳐 서로 돕는 것을 말하고, '정'은 심성이 안정되어야 더 멀리 내다볼 수 있음을 가리킨 말이기도 합니다. '검·청·화·정'의 네 자는 '차는 검소함을 숭상한다'는 뜻이지요. 중국의 다예는 일종의 중화민족의 숭고하고 고상한 품성과 처세 철학입니다. 이것을 내가 처음으로 1997년에 제시했습니다. 그러자 1997년 복주에서 설립된 차인지가(茶人之家)에서 푸젠성 차계에 검·청·화·정을 족자로 걸기 시작했습니다. 이후 국내외적으로 강력한 반향을 불러일으켜 중국차계의 대표적인 말이 되었습니다."

선생께서는 하루를 어떻게 보내십니까.

"6시에 일어나면 먼저 물을 끓여 차를 달여 마십니다. 수십 년간 차를 공복에 마시다보니 습관이 됐습니다. 그후 9시까지는 차와 관련된 일을 한 뒤 12시까지는 많은 차인들과 대화를 나눕니다. 12시에서 2시까지는 휴식을, 2시부터 오후 6시까지는 손님을 접대합니다. 이렇듯 하루를 차로 시작해서 차로 마무리 짓습니다."

우롱차의 달인으로 정평이 나 있습니다.

"1989년 푸젠성 우롱차에 대한 책을 저술한 이후 우롱차 발전에 많은 기여를 했습니다. 그래서 우롱차 대사로까지 불리는 것 같습니다. 우롱차의 대명사인 무이암차는 산천의 신령스러운 기운이 모여 암골화향을 이루듯 심평 방법과 평가 기준이 독특합니다."

한류바람이 중국에서 일어나고 있습니다. 앞으로도 중국과 한국에 활발한 차문화 교류가 이루어졌으면 합니다. 선생께서는 어떻게 생각하십니까.

"전적으로 공감합니다. 그러나 형식적인 교류보다는 진정한 학문적 심평 등 여러 방면의 교류가 이뤄졌으면 합니다."

"하루를 차로 시작하고 차로 마무리 짓는다"는 장천복 선생의 말이 가슴 깊이 와 닿는다. 최근 한 차계 원로의 "바쁜 생활 탓에 아침에 차를 마시지 못한다"는 말과 대조를 이루고 있다. 게다가 육우가 '정 · 행 · 검 · 덕'을 개척했다면 장 선생은 '검 · 청 · 화 · 정'으로 이끌어냈다. 차의 검소함을 숭상한다는 그 말 속에 중국차의 정신이 열리는 듯했다.

중국 다예를 정립해낸 장 선생이 제시한 '검 · 청 · 화 · 정'은 차 기업, 공장, 다관 등에 가장 많이 걸리는 족자이기도 하다. 그처럼 중국 차계의 태두로서 중국 전통문화를 차문화로 살려 홍양시킨 점에서 100년에 한번 나올만한 국보급 차업 대사로 각인되고 있다.

중국 다예에 담긴
'검儉 · 청淸 · 화和 · 정靜' 정신

산천(山川)에 차의 신령스런 기운이 모이니 암골화향(岩骨花香)이 가득하다. 차는 천지간의 영물(靈物)이다. 단산벽수(丹山碧水)에서 태어나 청산과 명월의 동반자가 되고 청풍(淸風)과 운무(雲霧)를 반려자로 삼아 산천의 신령한 기운을 나타낸다. 천지의 바람과 이슬을 모으고 꽃을 품고 음미하며 향을 내고 옥을 품는다. 이것은 대자연이 인류에게 준 걸작인 것이다.

'차성(茶性)'에 대해 서로 다른 시대의 사람들이 다른 표현방법을 사용하고는 있지만 모두 '차성'이 수양을 쌓는다고 여기고 있다. 예부터 중국인이 차성을 인식할 때 '검(儉)' 자의 사용이 특히 두드러진다. 육우의 《다경》에서는 '정(精) · 행(行) · 검(儉) · 덕(德)을 행하는 사람'을 제시했다. 차는 스스로 반성하여 덕을 닦는 군자를 내포한다. 송나라 휘종(徽宗) 조길(趙佶)은 《대관다론》에서 '구민(甌閩)의 수기(秀氣)를 전유하고, 산천의 영품(靈稟)을 모으고, 옷깃을 떨고 막힘을 씻어 청과 화로 인도하기 지극할지니 보통 사람과 어린 아이는 얻을 수 있는 지식이 아니다. 조용하고 간결하며 고운(高韻)하여 고요함[靜]에 이르니 허둥대고 급할 때 애호(愛好)하고 숭상(崇尙)할 수 있겠는가'라고 했다. 이학자(理學者) 주희(朱熹)도 차로써 학문을 알렸다. 차는 동방문명의 상징이 되었다.

中國茶禮

儉清和靜

張天福

茶尚儉 勤儉朴素
茶貴清 清正廉明
茶導和 和衷共济
茶致靜 宁靜致遠

중국 근대 차학을 '검·청·화·정'으로 이끌어 낸 장천복.

이렇듯 차품(茶品)이 곧 인품(人品)이며 차성(茶性)은 차덕(茶德)을 품고 있다. 차는 남방의 가목(嘉木)이다. 차는 내질(內質)이 강하고, 소박하고, 청순하며 유서(幽舒)의 본성이 있다. 차를 마시는 사람은 마음의 깊은 곳에서 청담(淸淡), 정아(靜雅)의 의취(意趣)로 충만하다. 찻물은 맑아야 하며, 차향에는 기(氣)가 있어야 하고 찻잎은 신비로워야 마시는 사람이 아취(雅趣)를 느낄 수 있다. 사람들은 복잡하고 번거로운 생활 속에서 인생의 갖가지 국면으로 나아가나 감정을 정화(淨化)하여 결국 크게 깨달아 번뇌와 의혹을 모두 없애게[大悟大徹] 된다.

차사(茶事) 이래 장천복은 중국차문화에 대해 여러 방면으로 연구를 했다. 그는 《대관다론》에서 북원차(北苑茶)의 '치청도화(致淸導和)'와 '운고치정(韻高致靜)'에 매우 찬성하였다. 이것은 음다가 몸을 닦고 수양하는 경계라고 여긴 것이다. 장천복은 중국전통의 예의에는 차문화의 내용이 풍부하게 포함되어 있다고 여겼다. 마치 차로써 제(祭)를 지내고, 차로써 예를 하고, 차로써 손님을 대하며, 차로써 우의를 다지는 것과 같이, 차는 진귀하고 고상한

음료이다. 음다는 일종의 정신적 향유이며, 예술이며, 몸을 닦고 수양하는 수단이다.

그는 계속해서 중국·대만과 국외의 차문화를 비교하였다. 중국의 차문화는 일본에 전해져 일본 다도로 발전했다. 그것은 '화·경·청·적'을 포함하고 있다. 한국에서는 품다를 '다례'로 칭하고 '화·경·청·적'으로 봉행했다. 중국 오진봉(吳振鋒)은 중국 다예의 정신으로 '청(淸)·경(敬)·이(怡)·진(眞)'을 내놓았다. 청(淸)은 청결, 청렴, 청정, 청적(淸寂)이며, 경(敬)은 만물의 근본, 무적의 도(道), 타인을 존중하고 신중하게 대하는 것을 말한다. 이(怡)는 유쾌함과 즐거움, 진(眞)은 진리, 참된 지식이다. 근대 절강농업대학 차학과 장만방(庄晚芳) 교수가 중국 다덕으로 내놓은 '염(廉)·미(美)·화(和)·경(敬)'도 매우 유행하였다. '염(廉)·검(儉)·육(育)·덕(德), 미(美)·진(眞)·강(康)·락(樂), 화(和)·성(誠)·처(處)·세(世), 경(敬)·애(愛)·위(爲)·인(人)' 등 설명이 매우 다양하다. 비록 호칭은 다르지만 '염(廉)·미(美)·화(和)·경(敬)·검(儉)·청(淸)·정(靜)·이(怡)·진(眞)'이라는 아홉자를 떠나지 않는다. 내포한 것은 일치하며 평화, 공경, 소박, 안정을 포괄하고 있다.

고금을 막론하고 중국과 해외의 다예, 다도, 다덕, 다례 이론을 비교·대조한 후 장천복은 1997년 '중국 다예'를 제시하였다. '검·청·화·정', 즉 차는 근검소박[儉]을 숭상하고 청렴결백[淸]을 귀하게 여긴다. 마음을 합쳐 서로 돕는 것[和]을 이끌며, 심성이 안정[靜]되야 더 멀리 내다 볼 수 있다는 것이다.

'검·청·화·정' 네 글자는 더욱 확대되었다. 차는 검소함[儉]을 숭상한다. 차는 '정(精)·행(行)·검(儉)·덕(德)'하고 근검소박하며 '덕(德)·행(行)·단(端)·정(正)'을 앞장서서 부르짖는 사람과 같다. 성공은 근검 때문이고 실패는 지나침 때문이다. 차는 근검, 소박, 청렴결백한 사람의 사상품덕과 사회도덕기풍을 제창한다.

　차는 청(淸)을 귀하게 여겨서 사람을 수양하게 하고 마음을 맑게 한다. 사람들은 음다를 통해 차를 고결한 것으로 숭상하였고 마음을 맑게 길렀다. 더 중요한 것은 '청(淸)·정(正)·렴(廉)·명(明)', '청(淸)·심(心)·과(寡)·욕(欲)', '품(品)·격(格)·청(淸)·고(高)', '반(反)·부(腐)·창(倡)·렴(廉)'을 포함하여 당시 사회의 병폐를 경고하고, 수양을 증가시키고, 심미적 정취를 높이며, 인생가치의 방향을 완벽하게 한 점이다. 고아한 정신문명의 형성이 바로 '청·정·렴·명'이다.

　차로 화(和)를 이끈다. 화는 차문화사상의 핵심이다. 바로 화목하게 처세하는 것이다. 화를 통해 목표로 한 차사활동을 추구하고, 사람과 자연의 조화와 사람과 사람 간의 조화를 창조한다. 차와 만사(萬事)가 흥하고 세계평화, 인류의 안녕은 민중 모두가 추구하는 이상이며 최고의 경계이다.

　차가 정(靜)에 이른다는 것은 심성이 안정돼야 더 멀리 내다볼 수 있다는 말이다. 정은 허명(虛明)이며 명(明)은 통(通)으로 정(靜)은 먼 곳에 이를 수 있다. '무욕하기 때문에 조용하게 된다'는 것은 규율에 엄격하고 몸을 닦아 명성(明性)하고 스스로를 완벽하게 하는 것을 제창한다. 사람이 품다를 하는 데는 적당한 환경이 요구된다. 사람과 자연은 일치해야한다. 사람은 자신을 놓고, 자신을 잊는 경계에 들어서야 하며 몸을 닦고 수양해야 하고 인생의 목적을 품미(品味)해야한다.

　중국 학자 여문영(余聞榮) 선생은 《손님도 물과 옥을 알고 있을까? - 덕(德)보다 도차(道茶)》에서 중국 다도의 정의개념이 차례로 출현하거나 사람들이 차가 없거나 차를 떠나 있는 것을 비평하였다. 그는 장천복이 제시한 '중국 다예'에서 한편으로는 차성(茶性)의 공용(功用), 한편으로는 사람의 도덕적 행위를 옛 사람들의 '덕(德)·삼(三)·미(味)'에 비유했다.

　'중국 다예'는 중화민족의 일종의 고상한 품성과 처세 철학이다. 이 이념은 장천복이 가장 먼저 1997년 푸젠성 차과에서 주최한 '차엽과기(茶葉科技)'에서 먼저 제시했다. 후에 1999년 복주에서 성립된 차인지가(茶人之家) 축전회에서 중국 다예를 제창했다. 푸젠성 차계가 국내 차계 인사에게 강렬한 반향을 일으키며 사회적 공감을 불러일으켰다. 사람들은 중국 다예의 범주를 확정하고 중화차문화에 새로운 기쁨을 주었다. 중국, 특히 '검·청·화·정' 4글자는 푸젠성 각지의 차 기업, 차공장, 다예사 등이 가장 좋아하는 말이 되었다. 많은 차문화를 접하고 세속을 싫어하거나 생활의 아사(雅士)를 풍미하려는 사람들에게 중국 다예는 가정이나 사무실의 좌우명이 되었다.

중국 다예와 장천복의 차학사상을 놓고 차학 이론가와 차문화 연구자가 '검·청·화·정'에 대해 자신의 견해를 내놓았다. 많은 전문가와 학자들은 중국 다예에 대해 설명하면서 다른 측면에서도 풍부하게 조명했다. 중국 다예의 내용은 더욱 넓고 깊어졌으며 광범위하게 영향을 끼쳤다. 당연히 장천복은 중국 다예를 제창하였고 어진 사람은 어질다고 보고, 지혜로운 사람은 지혜롭게 볼 것을 깨우쳐 많은 사람이 교화되었다.

그러나 동시에 차계의 많은 인사들은 현재 중국에서 '애국수법(愛國守法), 명례성신(明禮誠信), 단결우선(團結友善), 근검자강(勤儉自强), 경업봉헌(敬業奉獻)'의 국민기본도덕교육을 제창해야 한다고 여겼다. 또한 확립된 정신문명의 건설목표는 이상, 도덕, 문화, 규율이 있는 사회주의 국민을 배양하고 전 민족의 사상도덕소질과 과학문화소질을 높여야 한다. 장천복은 총결하는 중국 다예를 창조하였다. 간명하게 요약하고, 대중들이 알기 쉽게 접근하였다. 그것은 중국의 우수한 차문화 전통이 현재의 사회실천과 결합하여 현재와 미래의 건강한 차문화 발전의 경로를 제시하고 있으며, 정신문명 건설과 일치하여 중국 선진문명의 전진방향으로 향하며 창조성, 가능성, 전도성이 있다. 이것은 장천복이 중국 차학 이론에 공헌한 점이다.

우라센케(裏千家) 전(前) 15대 이에모토(家元)

센겐시츠(千玄室)

차를 통해 화평의 길을 연

우라센케 전 15대 이에모토

센겐시츠(千玄室)

1923년 출생 센리큐 15대손 1991년 중국 남개(南開)대학 철학박사 2005년 일본국외무성 일본유엔친 선대사 취임, (재)일본국제연합협회 회장, 한일문화교류회의 위원, 중국 천진상과대학 우라센케다도단기 대학 학장, 중국예술연구원 예술고문, 베이징대학 일본문화연구소 고문, 국제적으로 폭넓은 분야에서 다도문화를 보급·발전시키고 세계평화를 위해 50여 년에 걸쳐 60여 개국을 200회 이상 방문하여 '한 잔의 차로부터 평화를'이라는 평화운동을 제창, 하와이대학 역사학부 교수, 중국 남개대학 고문교 수 현재 우라센케 전(前) 15대 이에모토, 중앙대학교 객원교수

서로 공경하고 배려하는 마음속에
평화의 길 이룩된다

　일본 다도의 최대 유파인 우라센케 전(前) 15대 이에모토(家元)인 센겐시츠 (千玄室)가 2005년 중앙대에서 다도(茶道)를 통해 세계 평화에 기여한 공로로 명예 문학박사 학위를 받았다. 고이즈미 총리와의 인터뷰에서도 드러났듯 센겐시츠는 "다도 정신은 서로를 배려하는 것이며 평화 외교에 도움이 될 것"이라고 말한 바 있다. 이에 고이즈미 총리는 "다도를 통해 유엔에 일본의 입장을 좀 더 주장해 달라"고 당부한 것으로 전해졌다.

　500년 동안 일본 다도를 완성한 센리큐(千利休)가를 일러 '산센케(三千 家)'라고 하는데 오모테센케(表千家), 우라센케(裏千家), 무샤노코지센케류 (武者小路千家流)를 통칭한다. 이들 유파는 일본 다도의 중추를 형성하여 오늘에 이르고 있다. 이 가운데 우라센케는 가장 많은 문하생을 거느린 일본 다도 최대 유파로 영향력을 지니고 있다.

　센겐시츠는 16세기에 일본 다도를 완성한 센리큐의 15대 직계손으로 일본 다도 최대 유파인 우라센케의 전(前) 15대 이에모토이다. 그는 다도를 통한 세계 평화에 관심을 갖고 전 세계를 다니며 다도를 보급하는 한편 전몰자를 추모하는 헌다식(獻茶式)을 거행하는 것으로 정평이 나 있을 정도로 활발한 평화운동을 전개해 왔다.

그는 1984년 12월 로마에서 교황을 알현한 뒤 바티칸 대성당에서 거행한 헌다식에서 당당한 모습을 보여서 세계를 놀라게 했다. 또한 1998년 10월 경주세계엑스포에서 치러진 불국사 헌다식에 이어 2002년 4월 김해시 초청으로 은하사를 방문, 부처님께 헌다식을 거행한 바 있다. 〈차의 세계〉와의 단독 인터뷰에서 "부처님께 올리는 헌다는 역대 이에모토만이 올릴 수 있다"고 밝힌 바 있다. 2002년 12월부터는 자보사이(坐忘祭) 이에모토가 16대 이에모토에 올라 센겐시츠의 뒤를 이어 가고 있다.

바티칸성당에서의 헌다.

2005년 10월 25일, 중앙대에서 수여한 센겐시츠의 명예문학박사 학위 기념으로 우라센케에서는 '동아시아 다도문화 심포지엄'을 개최했다. 이날 센겐시츠는 인사말에서 "예부터 중국에서 비롯된 차 마시는 풍습은 일본, 한국뿐만 아니라 실크로드를 통하여 중앙아시아, 이슬람 제국에 확산되었고 16세기 대항해 시대에는 동양을 방문한 서양인들에 의해 유럽 제국에까지 전해졌다"고 밝혔다. 또한 그는 "동아시아에서 차는 단순히 갈증 해소에만 그치지 않고 풍요로운 문화로서 발전해 온 것이 특징"이라고 말했다.

그처럼 세계를 돌며 다도를 통한 인류 평화에 공헌하고 있는 센겐시츠와의 단독 인터뷰가 2005년 10월 26일 신라호텔 비즈니스특별룸에서 극적으로 이루어졌다. 이번 인터뷰는 2002년 4월 센겐시츠가 김해시 초청으로 김해를 방문한 것이 계기가 되었는데 그때 필자와 단독으로 인터뷰한 인연으로 또 인터뷰하게 됐다. 당시 인터뷰에서 김해시를 방문하게 된 동기가 "선조의 자취가 담긴 김해다완의 비밀을 캐는 것이 관심사"라고 밝힌 이래 그 소문은 일파만파로 퍼져 화제가 되기도 했었다.

먼저 우리 일행이 약속 장소에 가서 기다리고 있자 낯익은 요네사쿠(閑根秀治) 전무이사가 센겐시츠를 모시고 들어왔다. 센겐시츠는 필자를 보더니 매우 반가워했다. 마침 인터뷰가 있던 날 센겐시츠와 친분이 있던 이원홍 전 문공부 장관이 배석해 한층 분위기를 고조시켰다. 인터뷰가 시작되자 센겐시츠는 "이제부터 백제를 좀 더 구체적으로 연구해 보겠다"는 의욕을 보였다. 여든이 넘은 노장이라고는 믿기지 않을 정도로 다도(茶道)를 통한 세계 화평을 이루고자 하는 센겐시츠의 의지는 확고했다.

이번에 중앙대에서 명예 문학박사 학위를 받은 소감을 듣고 싶습니다.

"중앙대가 저에게 명예 문학박사 학위를 준 것은 다도를 통해 인류 평화에 더 많이 기여하라는 의미로 받아들였습니다. 저의 욕심 같으면 앞으로 백제사를 좀 더 연구해 보고 싶습니다."

백제사를 연구하게 된 계기는 어디에 있습니까.

"잘 아시다시피 백제는 당나라와 신라 연합군에 의해 패망을 했지요. 그래서 백제는 그때 일본에 원군을 요청했지만 당나라와 결합한 신라에게 이길 수 없었습니다. 그래서 백제 도래인들이 대거 일본으로 오게 되었습

니다. 그때(665년경)가 나라(奈良) 시대(710~794)를 거쳐 헤이안(平安) 시대(794~1192)로 넘어가는 시기였습니다. 백제가 600년경에 멸망하자 백제 도래인들이 일본으로 건너와서 살게 되었습니다. 그러한 백제인들의 망명은 백제 문화가 일본의 토착문화와 결합하여 새로운 문화로 탄생하는 계기가 되었습니다. 그 시기 쇼우무천황(聖武天皇, 701~756) 시대에 차가 싹트기 시작했고 《동대사요록》에 백제의 도래인 교우끼(行基)가 차나무를 심었다는 이야기가 전해지고 있습니다. 그처럼 백제문화가 일본 토착문화와 싹을 틔우면서 일본차문화 발전에 적지 않게 기여했던 점에 오래전부터 관심이 있었는데 기왕에 명예 문학박사 학위를 받았으니 이번 기회에 백제사를 체계적으로 연구해 보고 싶습니다."

센겐시츠께서는 일본의 말차문화를 매우 강조하시는데 그 점에서 한국의 잎차와 확연히 구분된다고 늘 말씀하셨습니다. 일본의 다도와 한국의 차는 어떤 점이 다르다고 생각하십니까.

"최근 들어 한국에 다도가 놀랍게 유행하고 있다고 들었습니다. 그런데 한국에 유행하고 있는 다도는 '전차(煎茶)'로 일본의 '말차(抹茶)'와는 확연히 구분됩니다. 일본 다도에서 말하는 차는 맷돌에 곱게 갈아서 그릇에 넣어 뜨거운 물을 붓고 거품을 일게 해서 마시는 차, 즉 말차가 진정한 다도입니다."

일본 다도의 최대 유파인 우라센케의 수장으로서 만약에 도요토미히데요시와 센리큐와의 대립이 있지 않았다면 오늘날 일본의 다도는 어떤 방향으로 전개되었을 것이라고 보십니까.

"도요토미히데요시와 나의 조상 센리큐와의 대립은 불행한 일이지요. 당시 도요토미히데요시가 무력을 쓰려고 할 때 센리큐는 무력이 아니라 사람의 마음을 다스리라고 말씀했습니다. 그 말을 듣고 격분한 도요토미히데요시는 센리큐의 목소리에 귀를 기울이기는커녕 자살을 명령해서 센리큐는 결국 자살하게 됩니다. 그 뒤에 도요토미히데요시는 임진왜란을 일으켰고, 좋은 결과를 가져오지 못했습니다. 도요토미히데요시가 센리큐를 할복시킨 것에 대해 후회했다는 설도 있습니다. 만약에 도요토미히데요시가 그의 말을 들었더라면 오늘날 일본 다도는 놀랍게 발전되었을 것입니다. 센리큐가 전쟁에 반대한 이유는 조선 문화의 혜택을 입은 일본으로서 조선의 문화를 파괴하는 것은 온당치 못하다고 판단했기 때문이었습니다."

센겐시츠께서는 천 년을 이어 온 끽다거를 어떻게 이해하십니까.

"'끽다거' 라는 말은 동서고금을 막론하고 유행한 말입니다. 그 말은 '차나 한 잔 천천히 드시오' 라는 데서 출발했고 동시에 '초조해 하지 말고 편안한 마음으로 차나 드십시오' 라는 뜻이 담겨져 있습니다."

끽다거와 우라센케는 어떤 관계가 있습니까.

"센리큐가 도요토미히데요시와 오다노부나가에게 가르친 차는 '화(和)·경(敬)·청(淸)·적(寂)' 입니다. 이것은 조화로운 온화함과 서로 존경하고 모두가 평등함을 가르친 것입니다."

2005년 10월 19일부터 21일까지 끽다거의 본향인 허베이성 석가장시 일원에서 천하조주세계선차문화교류대회가 열렸습니다. 천 백 년 만에 처음으로 다선이 하나로 뭉쳐서 결합되는 행사로 한·중이 손을 맞잡고 천 년의 조주차를 음미하는 좋은 계기였습니다.

"그런 일이 있었다는 것이 매우 놀랍습니다. 사람들은 처음 만나면 어려운 말을 꺼내기 전 담배 한 대 피우고 차 한 잔 마시며 마음을 안정시킨 뒤에 이야기를 전개합니다. 그 말은 바로 '차나 한 잔 천천히 드십시오' 라는 것에서 출발, 천 년을 이어 온 것입니다. 그 조주의 '끽다거' 라는 화두를 놓고 중국이 차와 선을 하나로 묶은 것은 우리의 흔들리는 마음을 평상심으로 묶으려는 좋은 결과가 아닐 수 없습니다. 끽다거의 현장에서 선차대회가 열린 것은 충격이 아닐 수 없습니다."

끝으로 센겐시츠께서는 인류 화평의 길을 다도에서 찾아야 한다고 말씀하셨는

센겐시츠와 대담 중인
필자.

데 그 화평의 길은 어디에 있습니까.

"세계 평화에 공헌하하기 위해서는 다도를 통하는 길밖에 없습니다. 나는 앞으로도 세계 평화 공헌을 위해 세계 각지를 돌며 전몰자를 추모하는 전다식을 올릴 생각입니다. 한 가지 일본인으로서 한국인에게 미안하게 생각하는 것은 도요토미히데요시가 한 일입니다. 센리큐는 무력을 쓰지 않고 사람의 마음을 다스리라고 했습니다. 그 선조의 뜻을 받들어 나는 앞으로도 다도를 통해 인류 평화에 기여하는 운동을 전개할 것입니다."

일본 우라센케 최대 수장인 센겐시츠의 "다도를 통해 세계 평화에 기여해야 한다"는 그 말은 끊임없이 앞만 보고 달리는 우리 차계에 던지는 화두처럼 들려온다. 또한 센겐시츠는 "조주가 말한 끽다거는 바로 '차나 한 잔 천천히 드십시오'라는 말"이라고 강조했다. 그가 말하는 다도 정신은 서로를 배려하고 공경하는 마음속에 '화·경·청·적'이 올곧이 되살아나 일본 다도의 원천이 되었다.

다도는 자신의 진심을 드러내고 표현하는 것

　　반갑습니다. 오늘 중앙대학교의 초대를 받아서 기쁘며, 특히 많은 분들이 오셔서 고맙습니다. 오늘 제 강의의 주제는 '다도의 현재적 의미' 입니다. 그러나 저는 이는 물론이고, '다도의 역사적 의미의 중요성' 에 대해서도 이야기 나누고 싶습니다.

　　한국에서 최근 다도가 유행하고 있다고 들었습니다. 그런데 한국에서 유행하고 있는 다도는 전차입니다. 전차는 우라센케가 가지고 있는 다도와는 조금 다른 문화입니다. 전차는 찻잎을 물에 우려서 마시는 것입니다. 조그맣게 부순 찻잎을 찻잔에 넣어서 우려서 마시는 것인데, 일본 다도에서 말하는 차는 그것이 아니고, 찻잎을 따서 말리고 부비고 또 그것을 맷돌에 곱게 갈아서 그릇에 넣어 뜨거운 물을 붓고 거품을 일게 해서 마시는 차, 즉 말차가 바로 여기서 말하고자 하는 다도입니다.

　　일본에서는 전차와 다도에서의 차를 구별합니다. 전차는 끓일 '전(煎)' 자를 뜻하는 전차, 일본말로 '세차' 가 됩니다만, 이 전차의 경우는 찻잎을 물에 달구어서 부풀어 오르게 해 냄새가 배어들면 마시는 겁니다. 그렇지만 다도

※ 이 글은 2005년 9월 중앙대에서 '다도의 현대적 의미'를 주제로 강연한 내용이다.

에서 말하는 말차, 가루를 내서 마시는 차는 이와는 다른 방법으로 진행되는 것입니다.

처음 말차를 마시는 분은 '좀 쓰구나' 라고 느끼실 것입니다. 이렇게 느끼는 것은 타닌이 들어 있기 때문입니다. 그 타닌 속에는 카테킨이라는 영양소가 포함되어 있습니다. 2천 년 전부터 중국에서는 이미 그것을 알고 차를 약용으로 마셨습니다. 760년 중국 당나라 시대에 육우가 《다경》을 썼습니다. 이 책은 차를 마시는 사람은 건강이 좋아질 뿐만 아니라 매우 안정된 정신을 얻게 된다고 쓰고 있습니다.

이 다도와 불교가 관계를 맺게 됩니다. 불교 중에서도 특히 달마 대사가 창시한 선종이란 종파가 다도와 관련이 있습니다. 달마 대사는 차를 마시면서 참선할 때 안정을 얻고 마음의 깊이를 얻는 데 좋다는 것을 알고 선을 할 때 차를 활용했습니다.

선종에서는 참선할 때 먼저 부처님에게 차를 한 잔 올리고 자신도 차를 마시며 마음을 가다듬고 참선에 들어가는데, 그러한 과정에 필요한 차라는 것은 차에 대한 의례에서 '차례, 다례' 라고 했습니다.

일본 가마쿠라막부 시대에 중국의 선종이 들어오면서 차를 마시는 풍습이 시작됐습니다. 한국에도 차를 마시는 풍습이 있었는데, 아마 고려 시대일 것입니다. 그러나 당시에는 제대로 정착되지 못하고, 다도를 깊이 형성하지 못했던 것으로 보입니다. 일찍이 한국에서 차가 깊이 뿌리내리지 못한 것은 두 가지 이유 때문인 듯 싶습니다.

먼저 한국에는 중국의 원난성 같이 따뜻한 곳이 없기 때문입니다. 따뜻한 곳이라고 해서 차를 심어도 차나무가 그다지 성장하지 못했을 것입니다. 그리고 인삼차나 그 밖의 섬유질이 있는 나뭇잎 등 차를 대신해서 마시는 음료가 있었기 때문에 지금 말하는 이런 의미의 차는 보급이 되지 않았던 것으로 생각됩니다.

몇 년 전 일입니다. 경상남도 김해시 시장으로부터 의뢰를 받았습니다. 예전에 김해시 일대에서 '장군차'라는 차를 마시는 풍습이 있었다는 여러 기록이 있어서 그 장군차를 복원하고 싶다는 이야기였습니다. 그때 시장으로부터 "적당한 산기슭에 장군차를 재배해서 성과를 올릴 만한 곳이 있겠는가, 올릴 만하겠는가"라는 자문을 받고 저는 김해시 일대를 둘러보았던 적이 있습니다.

그 일대에서 이미 장군차를 심어서 어느 정도 자란 것을 보았습니다. 그러나 제가 보기에는 그 지역의 기후, 또는 그 지역의 지형 조건으로 봐서 장군차가 그 정도 자라서는 좋은 품질을 얻기 어렵겠다고 생각해서 "성공할 수 있는 확률은 그저 반쯤 되겠습니다"라고 얘기했습니다. 한국에서 생산되는 차들은 전차로는 마실 수 있고, 또 전차로 차가 생산됩니다. 일본 다도에서 말하는 말차로서의 차를 보다 많이 마실 수 있게 되었으면 좋겠습니다.

가마쿠라막부부터 무로마치막부 시대에 걸쳐서 일어난 일입니다만 이때는 특히 한국, 중국 등에서 많은 문화가 일본에 전해졌습니다. 이때는 이러한 문화들이 수입되면 바로 일본의 문화로 재창조되는 시기이기도 했습니다.

가마쿠라막부 시대 후기가 되면서 일본에 들어온 문화들이 일본화되어 새로운 곳으로 전해졌습니다. 이런 과정에 '차를 마시는 것도 마시는 방식이 있어야겠다'고 생각하게 됐고, '그런 방식을 배워야 된다' 하여 차를 마시는 방식을 배우고, 정하고, 이러한 과정에서 정신적인 면을 중요시하는 다도가 형성되었습니다. 그리고 차를 마시는 방식은 그것에 끝나지 않고, 도교, 유교 등의 영향을 받아서 차를 마시는 법도가 있어야 되겠다 하여 '다도'라는 것이 형성되기 시작했습니다.

유교의 가르침 가운데, 이 뒤에 써 있는(무대 뒤에 '화·경·청·적' 네 글자가 씌여 있었다) '화·경·청·적' 중 화와 경이 뜻하는 서로 조화롭게, 그리고 서로 받드는 이런 정신이야말로 유교의 기본 정신이 될 것입니다. 유교에서는 마음을 잘 다스리고 그 마음을 정리하고 안정시키는 것이 필요합니다. 이렇게 마음을 다스리면서 행함이 있어야 합니다. 그런 실천에 관한 것, 이것이 또 다도와 중요하게 관련이 있습니다.

약 500년 전 센리큐라는 조상이 있었습니다. 일본 다도를 연 이분은 다도의 방법과 나아갈 방향을 제시했습니다. 그리고 수도하는 것, 수양을 쌓는 것을 다도라고 했습니다. 일본문화를 네 가지로 나누면 종교와 교육, 예술, 그리고 생활로 볼 수 있습니다. 인간의 생활 가운데 중요한 것으로 교양과 수양이 있습니다. 의식주가 모두 이와 관련됩니다.

예절은 인간 생활에 매우 중요한 것입니다. 정중하게 고개를 숙여서 인사를 한다 하더라도 모양만 가지고는 안 됩니다. 마음에서 우러나는 상대방에 대한 깊은 존경이 필요합니다. 거기에 진심이 배어 있는가, 그렇지 않은가가 매우 중요합니다. 이러한 진심이야말로 사회를 살아가는 데 대립을 없애고 이해를 넓혀가는 방법입니다.

다도라는 것은 차를 대접하는 힘겨운 과정에 진심을 드러내고 표현하는 것입니다. 다도는 입과 말만으로, 머리만으로 사람을 대접하는 것이 아니라 진심 어린 마음으로 사람을 대접하고 준비하는 과정을 매우 중시합니다.

일주일에 한 번 또는 한 달에 한 번이라도 좋습니다. 조용한 가운데서 자신을 드러내는 것, 자기의 진심을 정성들여 잘 표현하는 행위는 자기를 발견하고 자기 수양을 하고 자기를 남에게 전하는 좋은 기회가 될 것입니다.

마지막으로 한 가지 말씀을 드리겠습니다. 일본의 다도는 500년 전에 성립되어서 오늘날까지 잘 이어져 오고 있습니다. 센리큐라는 나의 조상은 도요토미히데요시 당시의 사람입니다. 도요토미히데요시가 무력을 쓰려고 할 때 그는 무력이 아니라 진심으로 사람을 다스리고, 뜻을 전하는 것이 필요하다는 것을 설파했습니다. 센리큐는 도요토미히데요시에게 조선, 중국은 매우 중요한 우리의 이웃인데, 그 이웃과 평화롭게 살아가야 한다고 여러 가지로 말했지만 그 청은 결국 이루어지지 않았습니다.

도요토미히데요시는 센리큐의 목소리에 귀를 기울이기는커녕 자살을 명령해서 센리큐는 자살을 하게 됩니다. 결국 도요토미히데요시는 임진왜란을 일으켰고, 또 그 전쟁은 좋은 결과를 내지 못했습니다. 이런 점에 대해서 일본인으로서 여러분에게 깊이 미안하다는 말을 전하고 싶습니다. 경청해 주셔서 감사합니다.

오모테센케(表千家) 쇼우세이(宗正)

히사다쇼야(久田宗也)

일본 다도의 정신은
와비차로부터

 히사다쇼야(久田宗也)

1925년 출생, 교토대학교 졸업 오모테센케 14대 이에모토인 센쇼자이(千宗左)와 히사다 문중과 연합한
뒤 오모테센케 쇼우세이(宗正)로 오모테센케를 이끌고 있음, 차에 공헌한 공적으로 일본문화상 수상

히사다쇼야 쇼우세이에게 듣는
일본차 정신 와비차 정신으로 되살아나다

2003년 2월 28일은 센리큐(千利休, 1522~1591) 서거 412주기를 맞는 날이다. 이날을 기해 센리큐의 유파들은 크고 작은 추모행사를 전국적으로 벌여 왔다. 마침 필자가 히사다쇼야 쇼우세이를 만나기로 약속한 날이 28일이었다. 만남은 각별했다.

알려진 바와 같이 일본 다도의 유파는 센리큐 사후에 우라센케(裏千家)와 오모테센케(表千家), 무샤노코지센케류(武者小路千家流)로 삼분되었다. 이 중 장자격인 오모테센케가 일본 다도를 주도해 왔다. 그후 이에모토(家元)로 자리 잡은 오모테센케의 후신안(不審庵)과 우라센케의 곤니치안(今日庵)을 중심으로 센리큐의 다도정신을 이어 갔다. 그렇게 500년간을 하나의 유파로 형성, 일본 정치, 문화계에 막강한 영향력을 행사해 오고 있다.

교토에 자리 잡은 오모테센케의 본가를 찾았다. 히사다쇼야 쇼우세이는 오모테센케 유파의 상징적 존재로 오모테센케의 14대 이에모토인 센쇼자이(千宗左)와 히사다 문중이 연합한 오모테센케를 이끌고 있다. 그렇기 때문에 그의 말 한 마디에 일본 차계의 지도를 바꿀 수 있을 정도로 무게가 담겨 있다. 대담은 히사다쇼야 쇼우세이와 각별한 인연이 있는 관계로 도예가인 신한균 씨가 적극 앞장서 이끌었다. 2시간 30분에 걸친 진지한 대담을 통해 일본 다

센리큐를 바라보
는 히사다쇼야.

도의 진면목을 발견할 수 있었다.

5백 년간 이어져 온 센리큐(千利休, 1522~1591)의 이에모토격인 오모테센케의
히사다쇼야 쇼우세이를 통해 오모테센케의 차 정신을 한국에 알리게 되어 기쁘게
생각합니다.

"한국과 일본의 다풍은 비록 다르다고 할지 모르나 차의 정신에 있어서
공통점이 많습니다. 한국이 다례를 숭상한다면 일본은 와비차를 근원으로
삼습니다. 저는 오래 전부터 한국에 말차문화가 사라져 버린 이유가 매우

궁금했습니다."

히사다쇼야 쇼우세이로부터 듣는 첫 질문에 대담자는 매우 당황했다. 그러나 곧 말차가 사라진 배경에 대해 설명했다. 태조 이성계가 조선을 세우고 정치의 쇄신과 함께 차문화의 변화를 위해 말차 중심의 음다풍습을 전차(煎茶) 중심으로 변화시켰다고 말하자 히사다쇼야 쇼우세이는 박장대소했다.

마침 센리큐의 추모일에 히사다쇼야 쇼우세이를 뵙게 되었습니다. 센리큐의 비극적 죽음 이후 일본 다도가 결집되었다고 생각하는 사람들도 있습니다.

"저도 그렇게 생각합니다. 그때 도요토미히데요시(豊臣秀吉, 1536~1598)와 비극적인 최후로 자결을 함으로써 일본 다도가 하나로 뭉칠 수 있었다고 봅니다. 저는 500년간 일본차문화를 대성시킨 센리큐의 공적이 매우 크다고 생각합니다. 오늘날 일본 다도는 센리큐의 후계자인 오모테센케와 우라센케, 무샤노코지센케류로 삼분되어 센리큐의 정신을 이어 가고 있습니다. 할아버지인 다나카센나에는 쇼군 아시카가와 요시마다 곁에서 차의 영향을 받았습니다. 아버지 대에는 사카이로 이주하여 물고기 도매상을 했습니다. 히사다 문중과 오모테센케와의 연합으로 한 집안이 되어 오모테센케의 정신을 이어 가고 있습니다. 특히 센리큐는 천하 제일의 차인으로 오늘날 일본 다도를 체계화시키는 데에 적지 않은 기여를 했습니다."

센리큐의 자결을 두고 '미의 극치'라고 말합니다. 센리큐 서거 412년을 맞은 오늘 그 의미를 한번 되짚어 보고자 합니다.

"도요토미히데요시와의 불화는 크게 두 가지로 말씀드릴 수 있는데, 그 첫째는 조선 출병을 반대한 것이고, 두 번째는 센리큐가 천정 17년(1589)

센리큐 목상.

사재를 들여 다이도쿠지(大德寺)에 긴모우각(金毛閣)을 지어 준 것입니다. 다이도쿠지에서 기부한 사람에게 보답하기 위해 센리큐의 나무 형상을 누각 위에 세우게 되었는데, 그 소문이 도요토미히데요시 귀에 들어가 천정 19년(1591)에 자진을 하게 됩니다. 천 6백여 명이 모인 도요토미히데요시의 차회를 주재한 몇 해 뒤의 일이었습니다. 센리큐가 최후를 맞은 그때가 2월 28일 바로 오늘이었습니다. 그때 '이치고이치에(一期一會)'란 마지막 유언장을 써 놓고 자결하게 됩니다. 그 이후 일본 다도가 급속도로 결속하는 계기가 되었다고 생각합니다."

400년 전 진주 근교에서 만들어진 이도다완이 일본 국보인 기자에몬이도(喜在衛門井戸)로 천하제일의 명물이 되었습니다. 어떤 연유로 대명물 국보가 되었습니까.

"오모테센케에서는 이도다완을 매우 진중하게 여기고 있습니다. 도요토미히데요시의 손을 거쳐 센리큐를 비롯한 그 시대 지도자들에게 직접 하사된 이도다완은 대명물이 아닐 수 없습니다. 400년 전 조선 진주 지방에서 만들어진 대명물 이도다완을 기자에몬이란 사람이 입수하여 도요토미히데요시에 헌상했습니다. 그 첫 해인 1587년 도요토미히데요시 앞에서

차회를 했는데, 그때 센리큐가 직접 차를 타서 돌리는 차회가 열렸습니다.
그러나 여럿이 차를 마시던 중 이 사발이 깨집니다. 도요토미히데요시는
이 깨진 사발을 사용하지 않다가 센리큐의 개인차회에 등장했습니다. 그
때부터 기자에몬이도라는 이름이 붙었고 도쿠가와이에야스에게 넘겨졌습
니다. 그 뒤 1775년 무렵 찻사발 수집가인 마쓰다이라 후마이가 550만 엔
에 구입했는데, 후마이 부인이 다이도쿠지로 보내 일본 국보가 되어 고호
안(孤蓬庵)에 영구히 보존되고 있습니다."

茶烟永日香

日本 오모테센케 히시다쇼야 쇼우세이의 휘호 '차연영일향(茶烟永日香)'.

일본은 중국에서 만들어진 텐모쿠(天目)다완과 조선 도공의 손으로 만들어진 이도다완을 국보로 만들 정도로 뛰어난 민족입니다. 두 다완의 특징은 무엇입니까.

"400년 전 만들어진 이도다완은 그 모양에서부터 아름다움이 풍겨 나옵니다. 와비 정신을 이도에 담아 낸 조선 도공의 솜씨가 놀라울 따름입니다. 두 손으로 이도다완을 잡고 마시는 데서 포근함을 느낍니다. 이도다완에 차를 마실 때 느끼는 그 감동이 바로 '미의 극치'라 생각합니다. 다만 덴모꾸에 비해 갖가지 빛깔로 아름다움을 수놓지 못한 것이 아쉽습니다."

일본차의 정신은 무엇입니까.

"'화(和)·경(敬)·청(清)·적(寂)'입니다. 그 속에는 문학, 도덕, 윤리, 종교가 포함되어 있습니다. 이를 차의 정신이라고 말할 수 있지요."

21세기에 차가 세계정신에 어떤 영향을 끼칠 것이라 생각하십니까.

"21세기는 기계문명의 시대입니다. 이 같은 생활 공간에 차가 정신문명에 혁명을 일으킬 것으로 내다 봅니다."

히사다쇼야 쇼우세이와의 두 번에 걸친 인터뷰를 통해 얻은 사실은 모든 종교, 윤리, 도덕, 문학이 '화·경·청·적' 속에 포함되어 있다는 점이다. 일본 다도의 체문이 되어 버린 '화·경·청·적'이야 말로 일본 다도의 미가 아닐 수 없다.

히사다쇼야 쇼우세이에게 들은 이도다완 감상법은 우리의 마음을 설레게 했다. 히사다쇼야 쇼우세이는 천하제일의 명물인 이도다완을 대할 때 진중함을 느낄 수 있다고 말한다. 오모테센케의 정신을 이도에서 찾으려는 쇼우세이의 가르침이 가슴에 와 닿는다. 특히 "한국에는 왜 말차문화가 없냐"는 날카로운 지적에 한국 차계가 반성하는 목소리가 들려 온다.

일본으로 귀국한 뒤 히사다쇼야 쇼우세이가 편지와 함께 오모테센케의 12개월의 차회를 소개한 책을 보내 왔다. 그 책 속에는 봄의 차와 센리큐의 추모일을 살펴보라는 내용과 함께 지난번 교토에서 만남이 매우 의미 있었다고 적고 있었다. 당시 필자는 히사다쇼야 쇼우세이의 특별 배려로 차회가 50년마다 한번 열린다는 후신안(不審庵) 차실을 볼 수 있는 행운을 얻었다. 그 차실에서 일본차의 정신을 한눈으로 살필 수 있는 '공간의 미(美)'를 보았다. 오모테 집안의 다도정신이 담겨진 오모테 다도 12개월의 내용 중 '리큐제'에 이렇게 설명하고 있다.

2월 28일 센리큐의 기일이 지나고 한 달 후 종가에서는 센리큐를 추모하는 다도회가 열린다. 센리큐는 생전에 '꽃이 피기만을 기다리는 사람에게 눈 속에서 싹튼 이름 봄의 기운을 보여 주고 싶구나' 라는 노래를 좋아했다. 눈이 녹기를 남몰래 기다리며 싹을 틔우려고 하는 대자연의 생명력 앞에서 사람의 지혜 따위는 실로 보잘것없는 것 같다. 센리큐는 이런 자연의 힘을 믿었던 사람이다. 70년의 생애를 마감한 것은 눈 속의 풀들이 봄을 맞아 막 피기 시작하던 1591년의 봄이었다.

센리큐는 60세 무렵에 오다노부나가와 결별하고 도요토미히데요시와 교섭하기 시작했다. 수많은 천하의 차인들 중에서 선택된 도요토미히데요시 아래에서 천하제일의 다도 스승이 된 것이다. 황금으로 가득 찬 도요토미히데요시의 차실과는 달리 센리큐의 차실은 시골집 분위기가 나는 초가집이었다. 그나마도 크기가 줄어들어 급기야 다다미 두 장짜리 차실이 탄생했다. 이는 센리큐 만년의 일로, 이 차실의 출현이야말로 센리큐의 다도 정신의 완성이라 볼 수 있다. 센리큐는 서원과 차실을 종합하여 와비차라는 다도를 완성하였다.

오모테센케의
후신안(不審庵)
차실.

　2003년 2월 28일은 센리큐 거사의 추모일로, 이날 그를 추모하는 차회가 곳곳에서 열린다고 했다. 센리큐의 정신은 와비차 정신으로 되살아나 독립적인 차실을 센리큐에 의해 창조하기에 이른 것이다. 또한 이치고이치에의 정신으로 일본 다도를 정립한 센리큐의 정신을 높이 받들자.

오모테센케 센쇼자이 千宗左 이에모토 家元의
《다도 12월》 중에서 〈봄의 차〉

　여기저기서 꽃 소식이 들려오고 꽃을 맺는 나무에 새싹이 솟아 나와 만물이 왕성하게 소생하는 시기를 맞이하게 되었습니다. 사람들도 새로운 해를 향해 출발했습니다. 이미 차에 대해 배우기 시작한 분도, 또 앞으로 차에 대해 배우고자 하는 분도, 이 가슴 뛰는 계절을 맞이하여 주위에 배움을 권해보는 건 어떻습니까?

　그 중에는 다도에 대해 대단히 어렵게 생각하시는 분도 있을 것입니다. 그것은 신학기를 맞이하여 일 년의 공부에 대해 골똘히 생각하거나, 학업을 마치고 사회에 첫걸음을 내딛고자 하는 분들이 이것저것 생각이 많아지는 것과 조금도 다르지 않습니다. 심사숙고한 뒤에는 실행만이 있을 뿐입니다. 망설이지 말고 배움을 시작해보십시오.

　배움의 과정이란 쉬운 것부터 시작하여, 차츰 깊숙한 곳까지 다다를 수 있도록 짜여 있습니다. 오랜 세월에 많은 선인들이 생각해낸, 지극히 자연스러운 수련의 이치입니다. 배움은 같은 길을 걸어온 선생이나 선배들께 부탁하여 기초를 탄탄히 다져 두는 것이 중요합니다.

　4월의 차실에는 작년 겨울에 걸어둔 화로(방바닥의 일부분을 도려내고 취사나 난방용 불을 피우게 만든 시설)에 계속 솥이 걸려 있습니다. 11월부터 이듬해 5월 초까지가 화로의 시기, 나머지 반년은 풍로를 사용하는 시기가 될 것이며, 이러한 다도에서 계절의 변화에 조응하는 차의 모습을 볼 수 있습니다.

꽃의 계절이 오고 뜰의 이끼들이 돌연 아름다운 새 잎으로 바뀌면 차실에도 온기가 퍼져나가고, 오랫동안 닫아 두었던 창호를 열어서 봄 햇살과 향기로운 흙과 이끼의 향기를 맞아들입니다. 차실에서 화로의 불을 줄이고, 작은 열기로도 뜨거운 물이 잘 끓는 좀 작은 솥을 화로에 매달거나, 평평한 바닥이 얕은 우라코우가마(裏甲釜: 냄비를 거꾸로 세운 형태로 양측에 날개를 단 화로에 거는 솥) 등을 걸치거나 츠리가마(釣釜: 천장에 매달아 사용하는 솥)를 천장에서부터 쇠사슬로 매답니다. 이것에 맞추어 센리큐가 도요토미히데요시와의 원행에 차도구를 운반한 오동나무로 된 상자인 타비단스(旅簞笥: 차도구 선반의 일종)를 차려놓고 차를 끓이기도 합니다. 이것은 여럿이서 꽃놀이하러 몰려나가 야외에서 즐기는 다도의 취향을 실내에 재현한, 화로 종반 무렵의 풍경입니다.

또 난풍과 함께 따뜻해진 봄의 물을 큰 단지형 물주전자에 담아서 화로 옆에 놓습니다. 단지에는 쟁반을 덮어 뚜껑으로 삼는 '쟁반뚜껑'이라는 것이 사용됩니다. 화로의 시기가 종반으로 치닫는 4월에 들어서면, 츠리가마나 오오츠보처럼 일상의 차와는 조금 다르게 소탈한 느낌의 개방적이라고 할 수 있는 도구가 배합되게 됩니다.

봄은 벚꽃이 피는 계절이라 꽃을 모티브로 한 도구도 많이 볼 수 있습니다. 센리큐의 후계자인 쇼안(少庵)이 고안한 것으로, 검은 나츠메(말차를 담는 그릇)에 검은 옻칠로 벚꽃을 그려 넣은 '밤의 벚꽃 나츠메'라는 것이 있습니다. 멀리서 보면 검은 나츠메밖에 보이지 않지만, 검은 가운데에는 무수히 아로새겨진 벚꽃 조각들은 그윽함마저 감돌게 합니다. 센리큐가 이용한 도구 중에도 금칠공예를 한 나츠메가 있는데, 자식인 쇼안은 수수한 꽃을 나츠메 가

센리큐 서거일
오모테센케의
차회 모습.

득 그리게 하여 어려운 시대를 거쳐 온 쇼안의 심정을 이야기하는 듯합니다.
이러한 차인의 선택을 통해서 태어나는 도구를 '코노미모노(취향)'라고 하
며, '센리큐 코노미'라든지, '쇼안 코노미', '밤 벚꽃 나츠메'라고 부르는 관
습이 있습니다.

　　대개 일본에서 제작한 도구를 '와모노(和物)'라 부르며, 중국에서 온 것을
'카라모노(唐物)'라고 부르는데, 센리큐의 차는 그 당시까지의 주류였던 카
라모노를 사용하는 다도를 일본의 풍토가 낳은 와모노 도구까지 함께 사용하
는 다도로 만들어서 그 속에 우리들의 생활을 지도하는 풍부한 차의 마음을

담은 것이라 할 수 있습니다. 센리큐 이래의 다도는, 격식이 까다로운 것에서부터 여기에 나타난 따뜻한 봄날 차실의 소탈한 취향까지 폭넓은 성격을 지니고 있습니다.

에도막부 시대 초기에는 일본에서 중국으로 차도구를 발주하는 일도 있었습니다. 그중에는 염색으로 무늬와 빛깔을 넣은 물그릇(물주전자) '사쿠라가와'가 포함되어 있습니다. 사쿠라가와는 흐르는 물에 떠오른 벚꽃 꽃잎을 그린 평평한 그릇입니다. 예부터 솥의 바탕무늬나 화로 가장자리의 공예에 흐르는 물에 벚꽃과 뗏목을 고안한 꽃뗏목이라 불리는 세련된 모양이 사용되어 왔습니다. 도코노마를 장식하는 꽃의 종류도 채색을 늘려 다양해졌는데, 공조팝나무, 해당화, 황매화나무, 병꽃나무, 철 늦게 핀 동백꽃을 함께 장식했습니다.

벚꽃이 피고 물드는 무렵부터 머지않아 연두색 새 잎의 그늘을 야외에서 베푸는 차회 자리로 하여, 간편한 도구로 차를 즐길 수 있습니다. 가지고 다니기에 편리한 차상자나 다기바구니 속에 필요한 도구를 집어넣고 야외로 가지고 나가도 좋으며, 또 '류레이죠쿠(立禮卓: 다도에서 차를 달이는 탁자에 풍로 솥과 물그릇을 두고 의자에 앉아 하던 예법 및 양식)'라고 부르는 다도를 즐기는 것도 좋을 것입니다.

봄과 함께 다도 모임이나 헌다(獻茶) 모임이 여기저기서 개최될 것입니다. 배움을 시작한 지 얼마 되지 않은 분도 꼭 참가하여 다도의 분위기에 흠뻑 빠져 보았으면 합니다. 이런 자리에서 배움의 초보 단계인 과자를 집어 오는 법과 차를 받는 방법만이라도 배워 보십시오. 그 정도의 간단한 순서를 몸에 익히는 것만으로 차에 대한 흥미는 어느 정도 늘어날 것입니다. 많은 사람들을 만나고 여러 가지 도구를 접함으로써 즐기면서 배울 수 있는 것이 다도입니다.

노무라(野村)미술관 학예부장

타니아키라(谷晃)

동아시아 도자 속에 흐르는

차문화의 향기

타니아키라(谷晃)

1944년 일본 혼슈(本州) 아이치현(愛知縣) 출생, 도쿄대학교 사학과 졸업, 예술학 박사 2003년 독일 하이델베르크대학 객원교수로 2개월 간 일본문화와 다도 강의 **현재** 노무라미술관 학예부장

저서
1995년 《차회기 풍경(茶會記の風景)》(河原書店) 1997년 《가나모리소오와의 다서(金森宗和茶書)》(思文閣出版) 2001년 《차회기 연구(茶會記の研究)》(淡交社)

공저
1997년 《요우켄의 차─다서 · 다회기(庸軒の茶─茶書 · 茶會記)》(河原書店) 1997~1998년 《차노유미술관(茶の湯美術館)》(角川書店) 2000년 《탄고 무크자─초심자를 위한 도자기 감상 입문(淡交ムック─初心者のためのやきもの鑑賞入門)》(淡交社) 2005년 《알기 쉬운 차와 탕의 문화(わかりやすい茶の湯の文化)》(淡交社)

일본의 대표적 차 박물관
노무라미술관에서
동서양의 차를 만난다

500년간 차의 유파가 형성된 일본의 다도가 눈부시게 발전한 계기는 차 애호가들이 차도구를 수집하면서부터다. 일본 국보가 된 조선의 이름없는 사기장이 만든 천하 대명물 이도다완(井戶茶碗), 우리에게 친근한 이름인 조선막사발은 사실 기자에몬이란 사람이 수집한 찻그릇이었다.

기자에몬은 다케다(竹田)라는 성을 가진 오사카의 상인이었다. 그가 소유한 물건이었기에 기자에몬이도(喜左衛門井戶)로 불린 것이다. 그 이름은 지금도 그대로 불린다. 그 이도다완은 17세기 초 혼다다다요시(本多忠義)에게 헌납된 뒤 다시 1634년 고오리야마로 옮겨 가 다도의 대가인 나카무라소에추(中村宗雪)의 손에 넘어갔다. 그 뒤 1775년 무렵 마침내 다완 수집에 열심이었던 마추다이라푸마이(雲州不昧)에게 넘어갔다. 당시 그 찻그릇을 구입하는 데 든 돈은 550량이었다.

푸마이공은 1818년 그의 아들 게탄(月潭)에게 유훈을 남기길 "이 사발은 천하의 명물이다. 오랫동안 소중히 보관하도록 하라"고 하였다. 그러나 푸마이공이 죽은 후 그의 아들 게탄이 종기를 앓자 그 다완에 한이 서려 있는 듯하여 교토의 다이도쿠지(大德寺)의 분원인 고호안(孤蓬庵)에 기증한다. 그 날이 1818년 6월 13일이었고, 그 다완이 국보로 지정되어 아직도 고호안에 보존되

어 있다. 이것이 다완 수집에 얽힌 이야기이다.

마니아들은 고서화, 골동, 차도구 등 많은 유물들을 하나둘 수집하게 된다. 그런만큼 일본으로 건너간 찻그릇들은 수집가에 의해 일본의 국립 또는 사립 박물관이 속속 건립되면서 상설 전시되기도 한다. 우리나라는 일본에 비해 찻그릇에 눈을 늦게 떠 아직 대규모 차박물관이 극소수에 불과하다. 재벌가들은 차보다 미술관에 더 치중하는 실정이다. 일본의 경우 수많은 사설 차박물관이 건립되어 천목다완이나 이도다완 등 많은 찻그릇을 보유하고 있다. 노무라증권으로 명성을 얻은 노무라미술관(野村美術館)의 타니아키라(谷晃) 학예부장을 만나 찻그릇과 차문화의 바람직한 방향을 들어보았다.

일본 교토의 난젠지(南禪寺) 아래에 위치하고 있는 노무라미술관은 노무라 증권, 대화은행을 창업한 노무라도쿠시츠(野村德七)옹이 차도구에 관심을 갖고 수집한 것이 계기가 되어 개원한 미술관이다. 중요문화재만 36점에 이르는

노무라미술관에는 회화, 서화 등 다양한 유물이 있다. 특히 이 미술관에는 아
오이도다완을 비롯 김해다완, 텐모쿠다완 등 다양한 소장품이 있다. 어디 그
뿐인가. 별도의 차실과 정원 등을 갖추고 있는데, 정원은 근대 일본정원의 대
표작으로서 노무라증권의 명성만큼이나 노무라미술관의 명성을 높이고 있다.

만나뵙게 되어 반갑습니다. 먼저 노무라미술관의 차도구 수집에 얽힌 비화를 듣
고 싶습니다.

"노무라미술관은 노무라도쿠안(野村德庵)의 소장품 콜렉션에 의해 설립
된 미술관이지만 그보다 차박물관 성격이 매우 강합니다. 노무라 도쿠시
츠라는 분은 노무라 그룹 창업자이신데 그 분은 차문화에 대해 대단히 관
심이 많았습니다. 그는 노무라 별장 내에 9개의 차실을 만들고 차실에서
손수 차를 우렸고 별도의 공연공간을 마련, 차를 들면서 농악을 연주하는
문화에 관심이 많았던 분이었습니다."

노무라미술관.

노무라미술관에는 주로 어떤 차도구들이 있습니까.

"이도(井戸)다완, 김해(金海)다완, 이라보다완, 사카모토이도다완, 아오이도(靑井戸)다완, 우네야(宇禰野)다완 등 중요문화재만 36점을 비롯, 회화나 미술품 등 다양한 소장품이 있습니다."

이같은 유물을 관람하는 데 그치는 것이 아니라, 미술관이 다양한 사업을 한다고 들었습니다.

"무엇보다 다도전시회를 통해 많은 사람들이 관심을 가질 수 있도록 해서 이해의 폭을 넓히기 위해서 입니다. 일 년에 한 번씩 다도 관련 연구논문을 발표하고 그 내용을 차문화연구지에 수록하고 있지요. 또 다도에 관심이 많은 분들을 모아서 연구회와 독서회를 겸하여 차문화 이해의 폭을 넓히는 것이 노무라미술관의 설립이념입니다."

선생께서는 차를 연구하는 분으로 한·중·일 삼국의 차문화 특징은 무엇이라고 여기십니까.

"한국과 중국의 다도를 잘 모르기에 정확히는 말씀드리기가 어렵습니다. 다만 일본의 다도는 무로마치막부(室町, 1388~1572) 시대로부터 유행하기 시작하여 무라다쥬코우(村田珠光, 1422~1591)가 새로운 다법 초암차(草庵茶)를 고안한 뒤 센리큐(千利休, 1522~1591)가 와비차(わび茶)로 대성시켰습니다. 이같은 전통이 500년간 한 번도 끊어지지 않고 이어졌습니다. 일본 다도는 무라다쥬코우 – 다케노조오 – 센리큐, 이 3명에 의해 완성되었다고 볼 수 있습니다. 특히 무라다쥬코우가 초암차를 창시함으로써 새로운 다탕(茶湯)의 세계가 열리게 되었다고 봅니다."

삼국 다예의 장점은 무엇입니까

"중국은 다예의 전통이 흐르고 한국은 다례로, 일본은 다도로, 각 나라마다 다도의 특징이 있다고 봅니다. 한국의 경우 다례가 있어서 그 전통이 매우 깊다고 생각합니다."

일본 다도의 절정을 이룬 송나라 텐모쿠다완 시대에서 이도다완으로 바뀐 계기를 어떻게 보십니까.

"일본에 말차를 마시는 풍습은 1200년부터 있었는데 다도의 형태를 띠게 된 것은 1500년 전후부터입니다. 1500년 전반부터 사용했던 차도구는 텐모쿠다완입니다. 그 시기에 차도구가 정립되었고 텐모쿠다완은 그 시기에 찻그릇으로 가장 많이 사용되었습니다. 일본 다도에서 찻그릇으로 가장 사용하기 좋은 지름 12cm안팎의 크기인 데다 입둘레에서 조금 내려간

노무라미술관
차실 풍경.

곳에 오목하게 들어간 곳이 있어 찻그릇으로 일품이었지요. 가마 속에서
우연히 나온 요헨텐모쿠(曜變天目)다완을 살펴보면 갖가지 별을 수놓은
듯한 착각을 할 정도로 아름답기 그지없지요. 그 그릇을 찻그릇으로 받들
었던 일본 다인들의 안목을 높이 평가할 만 합니다. 그런데 조선에서 막사
발 취급을 해 온 이도다완의 발견으로 텐모쿠다완에서 이도다완의 시대로
바뀌게 됩니다. 그러한 일본인의 심미안 또한 높이 평가받을 만합니다. 한
반도에서 건너간 사발을 고려다완이라고 불렀죠. 또 중국의 티엔무다완을
카라모노(唐物)로 불렀습니다. 그러면 고려다완을 왜 그렇게 소중히 여겼
는가. 그 이유를 밝혀보겠습니다. 첫째는 말차다완으로서 그 크기와 형태
가 가장 적합하기 때문이었습니다. 그 다완에 말차가 들어갈 때 색상 등이
일본 차인들을 감탄하게 했었지요. 무엇보다도 고려다완에서 풍기는 분위
기가 와비사상과 어울렸던 것입니다. 중국에서 보통 잡기로, 한국에서도

보통 막사발로 취급했던 티엔무다완과 고려다완의 아름다움을 발견한 일본 선인들의 날카로운 눈썰미에 감복할 따름입니다."

이도다완의 등장으로 텐모쿠다완은 진열장 속으로 사라져 버리지 않았습니까.

"1500년대 중반 일본에서 차회에 쓰인 것은 텐모쿠다완이었는데 1600년대로 접어들면서 거의 없어집니다. 그때 등장한 것이 고려다완이었습니다. 고려다완의 발견은 차문화에 새로운 혁명을 가져옵니다. 가장 완벽한 말차 찻그릇으로서 손색이 없었기 때문이었죠."

최근 일본 다도를 배우려는 사람들이 점점 노령화되고 있습니다. 이를 어떻게 보십니까.

"그 점은 공감하는 바가 큽니다. 젊은이들이 다도에 대한 관심을 전혀 안 갖는 것은 아닙니다. 일본에서 현실적으로 젊은 사람들을 다도로 영입시키기 위한 시스템이 없기 때문에 점점 그 흐름이 끊기는 것 같습니다. 그러나 500년을 이어 온 전통이기 때문에 다시 부활하리라고 생각합니다.

삼국이 차로써 교류하려면 통일된 조직이 필요합니다. 한국과 일본이 교류하는 데 있어 다도로써 뭉치는 통일된 조직이 있어야 된다고 생각합니다. 일본은 다도문화학회가 있어서 그 학회가 한국과 중국이 교류하는 창구가 되고 있습니다. 한국에도 그런 조직이 필요합니다. 일본과 중국, 한국은 서로 공통된 교류모임 공동연구가 필요하다고 봅니다."

중국에서 보통 잡기로 취급한 티엔무다완과 한국에서도 막사발로 취급했던 고려다완의 아름다움을 발굴한 일본 차인들의 안목에 감복했다는 타니아키라 학예부장의 말을 듣고 보니 부끄러움이 앞선다. 왜 우리는 그와 같은 소중한 찻그릇을 발견하지 못했는가. 그 의문이 화두처럼 다가온다.

일본 다도茶道 문화의 특징

일본에 전해진 차문화

'일본에는 자생차, 즉 사람이 재배하지 않아도 산 속에서도 자라는 차나무는 없다' 는 말이 9세기 기록물에 전해진다. 그럼 언제 차가 일본에 들어왔을까. 9세기 초 '에이추(永忠) 스님이 시가(滋賀)현 본샤쿠지(梵釋寺)라는 곳에서 사가(嵯峨) 천황에게 차를 헌납했다' 는 것이 최초의 기록이다. 에이추 스님은 당나라에 건너갔다가 차를 알게 되었고 이를 일본으로 가지고 돌아왔던 것 같다. 그때 가지고 온 차 마시는 법

※ 타니아키라의 《다도의 미》 중에서

은 당나라의 '단차'였을 것이다. 사가 천황은 전국 각지에 차나무 재배를 장려했고 일본 전역에 점차 차를 마시는 풍습이 퍼졌다. 하지만 당시에 차를 마실 수 있는 계급은 조정의 일부 신료나 승려뿐이었다.

12세기 말경부터 13세기 초에 이르러 송나라에서 말차의 음용법이 전해졌다. 선종의 승려가 송나라 사원에서 유학할 때 마셨던 말차와 함께 도구를 가지고 돌아왔다. 처음에는 승려가 좌선할 때 졸음을 쫓는 방편으로, 또 환자의 약으로 마셨다고 한다. 그 후 에이사이(英西) 선사가 차의 효능을 정리하여 책으로 엮어서 찻잎과 함께 미나모토노사네토모(源實朝) 장군에게 헌납했다. 차를 재배하고 마실 수 있는 장소도 늘어나게 되었다.

묘우에쇼닌(明惠上人)이 살던 교토의 고잔지(高山寺) 경내와 그 부근에 심은 것이 가장 품질이 좋아 가마쿠라(鎌倉)에 살던 무사들도 다투어 교토의 차를 구하였다. 그리하여 교토의 차를 '본차'라고 하고 그 외 산지의 차를 '비차'라고 하여 차맛을 음미한 후 본차를 찾아내는 게임도 생겨나게 되었다. 그것을 '본차판단'이라고 명명하였으며 뛰어난 성적을 올린 사람에게는 후한 상을 주기도 했다. 14세기가 되면 수많은 사람들이 이 게임에 응하게 되는데 그 모습이 《태평기》 등에도 기록되어 있다.

시간이 흐르면서 일반인도 쉽게 본차를 판단할 정도로 유행을 하게 되었고 4종류의 차를 10회 마신 후 어떤 차인지를 판단하는 '4종 10복차'까지 고안되었다. 이 4종 10복차는 무사들뿐만 아니라 조정이나 상인들 사이에도 유행되고, 또 카마쿠라나 교토만이 아니라 전국적으로 즐기게 되었다는 것이 발굴조사로 입증되었다.

차 풍류를 지탱하는 세력이 무사나 조정에서 점차 도쿄, 나라, 사카이, 하카타를 기반으로 활약한 상인으로 넘어갔다. 당시의 차모임 기록을 보며 차모임에서 사용된 차도구의 대부분이 당나라 물건이었다는 것을 알 수 있다. 또 그들의 일부는 남방무역이라는 해외무역을 시작하면서 새로 수입한 물품

고잔지(高山寺)
석수원 차실 내
부 전경.

중에서 차도구에 적합한 것을 택하여 차모임에 사용하였다. 물론 그 중에는
차 풍류에 어울리지 않는 것도 포함되어 있었겠지만 점차로 일정한 기준에
의해 취사선택하게 되었다. 그리하여 선택한 것 중에는 이미 명물로 이름을
높인 것이 많았던 것 같다.

　또 옛날에는 별도의 방에서 말차를 제조하여 손님이 있는 방으로 날랐으나
언제부터인가는 확실하지는 않지만 차 풍류의 시대가 열리면서 손님의 면전
에서 차를 탈 수 있게 되었다. 이미 차를 타는 동작과 순서가 결정되어 차를

만드는 예법이 성립되나 16세기 전반까지는 아직 확립되었다고 말할 수 없다. 당시의 기록에 차 타는 예법에 대한 방법이 쓰인 책을 등사한 후에 '이 차 타는 예법은 상당히 오래된 것이다'라고 기록된 것이 있으므로 일단은 차 타는 예법이 성립된 것은 16세기 초에서 말경이라고 추측한다.

일본 다 도 종 가 제 도 확 립

센리큐 사후 백 년이 지난 뒤에 센리큐의 재평가 분위기를 타고 센리큐 직계인 오모테센케, 우라센케, 무샤노코지센케류의 세 집안이 주가 되어 다도 종가제도라는 문화가 다도의 세계에 들어오게 되었다. 종가제도는 일본 특유의 문화인데 현재 다도의 세계에서 가장 활성화되어 있으므로 다도 고유의 제도처럼 보이기 쉬우나 사실 다른 예능이나 무도에도 널리 퍼져있다.

종가제도는 조직화 정도에 따라 차이가 있으나 보통 종가를 중심으로 하여 공통의 예능을 배우는 사람들을 모아놓고 계층제를 구축한다. 그 계층제를 지지하는 것은 차 타는 예법 등의 행위를 '형태'로 하여 수수(授受)하는 것이다. 즉 행위에 단계를 갖추어 맨 밑의 입문 부분에서 순번으로 높은 단계까지 각각의 형태를 다 배우는 것을 종료하는 증명서(면허장이나 허가장이라고 부른다)를 종가가 그것을 배운 사람에게 발행한다. 이에 대하여 금전의 수수를 같이하는 것이 보통이다.

그리고 어느 정도의 수준에 도달한 사람에게는 다른 사람을 가르칠 수 있는 허가를 준다. 에도 시대에는 허가장을 받을 때 천지신명께 맹세하고 그 내용을 마음대로 유출하지 않겠다는 서약을 종가에게 제출하였다. 또 형태의 비전수수에는 '완전상전(完全相傳)'과 '불완전상전'이 있다. 완전상전이라는 것은 종가가 계승한 형태의 전부를 전해 주는 것을 말하며, 불완전상전은 중요한 일부만은 다음의 종가를 계승하는 사람 이외에는 전해 주지 않는 것을 말한다. 그 때문에 불완전상전의 경우는 다음 종가에게 지명 받은 사람만

이 종가가 될 수 있으나 완전상전의 경우는 전부를 전해주므로 전해 받은 사람은 그것이 마음에 들면 종가로 이름 지을 수 있다. 에도 시대에는 다도에 의한 세키수류(石州流) 등 일부에서 완전상전을 볼 수 있으나 현재는 불안전상전으로 하는 종가가 대부분이다.

이 종가제도가 지닌 세습적인 성격 때문에 비판도 받지만, 이 제도 때문에 예능의 형태가 크게 붕괴되는 일 없이 계승되어 온 것이라는 견해도 설득력이 크다. 또 종가가 스스로 종가제도를 도입한 것이 아니고 지방에서 다도를 가르치는 사람들의 요구가 있었던 점도 배제할 수 없다. 다도를 가르치는 사람에게 있어서 종가로부터 지도자의 권위를 위임받을 수 있다면 자신감을 가지고 사사할 수 있으니 굳이 권위라기보다는 많은 사람들을 모을 수 있는 제도라 할 수도 있다.

종가제도가 현재의 모습을 갖추기까지는 긴 시간이 걸렸다. 18세기에는 종가로서의 권위를 다지기 위해 많은 노력을 했다. 예를 들면 오모테센케의 쥬신사이(如心齋)의 제자인 가와카미후하쿠(川上不白)는 에도(지금의 도쿄)에 가서 종가의 다도 보급에 힘썼는데, 상인들뿐 아니라 산킨코타이(參勤交代)로 에도에 체재하는 동안 다이묘와 그 가신들, 때로는 다이묘의 부인에게도 다도를 지도하였으니, 영지로 돌아온 다이묘가 거기에서도 종가 주류의 다도를 장려하기 위해 각지로 퍼뜨렸다.

또한 이 시기에 다도의 종가로서 인정받을 수 있었던 것은 오모테센케, 우라센케, 무샤노코지센케류 외에는 야부노우찌쥬찌(藪內紹智)를 시조로 하는 야부노우츠케(藪內家)와 카타기리세키슈(片桐石州)를 시조로 하는 세키슈케의 주류로 극히 일부에 불과하다.

다도의 비판과 엽차의 출현
종가제도의 확립에 의해 다도는 더욱 확산되는 듯하였으나, 한편으로는 녹차를 마시는 일이 점차로 일반화되기 시작했다. 그리고 녹차를 그냥 마시는 것이 아니라 이를 계기로 하여 화가나 의사, 또는 작가나 유학자 등의 문인으로 불리는 사람들이 모여서 예술과 이상적인 생활 등을 얘기하면서 즐기게 되었다. 그런 와중에 사용하는 도구나 녹차의 맛에 대한 연구가 진행되고 점차 일련의 방법을 정한 것은 다도가 성립된 시기와 비슷하다. 18세기 말에는 녹차에 있어서도 도가 성립되어 '엽차도' 라고 불렸다.

　문인들은 녹차를 마시는 일에서 중국 문인이 은둔생활을 즐기는 것을 동경하면서도 당시의 말차에도 예리한 비판을 던진다. 그 대표적인 인물이 《우게쯔 이야기(雨月物語)》의 저자 우에다아키나리(上田秋成)이다. 비판의 주된 내용은 진한 차[濃茶]를 하나의 찻그릇으로 몇 사람이 돌려가며 마시기도 하고 같은 찻수건으로 몇 그릇을 닦아내는 것은 불결하다는 점에 있었다. 그리고 차도구가 아무리 비싸다 하더라도 이것을 수집하는 일에 극성인 것은 우습다는 것이다. 그 때문에 엽차도에서는 각기 다른 찻그릇에 마시고 찻수건은 같은 것을 사용하더라도 다른 면으로 닦도록 한다. 또 엽차의 도(道)인 도구도 진기하고 고가의 것을 사용하지 않고 극히 평범한 것을 사용하도록 하였다. 그렇지만 보다 좋은 것을 갖고 싶어하는 것이 인지상정이라 점차 그렇게 놀랄만하게 비싼 것은 아니더라도 나름대로 고가인 것을 사용하게 된다. 또 엽차의 도는 중국에 기본을 둔 것이라 사용하는 도구도 중국의 것을 즐겨 사용하였으며 그런 와중에 일본에서도 차 타는 용도를 염두에 둔 도자기를 만들게 된다. 특히 막부 말에 도공으로서 유명한 오쿠다에이가와(奧田穎川)와 아오키모쿠베이(靑木木米), 에이야쿠호젠(永藥保全), 닌아미도우하찌(仁阿彌道八)등의 도자기 장인들은 열성적으로 찻그릇을 만들고 차를 마시는 사람들로부터 높은 평가를 받고 있었다.

불광산사(佛光山寺) 개산종장(開山宗長)

성운(星雲) 대사

삼천대천세계를
 차 한 잔에 담고

 성운(星雲)

1922년 중국 장쑤(江蘇)성 강도(江都) 출생 1931년 12세에 남경 의흥 서하산 대각사에서 기재상인을 은사로 출가, 〈노도월간(怒濤月刊)〉 주간, 남경 화장사(華藏寺) 주지 역임 1949년 대만 〈인생잡지〉, 〈금일불교〉, 〈각제〉 등 정기간행물 주간 1952년 의란(宜蘭) 뇌음사(雷音寺)에서 염불회, 청년회, 아동주말학교, 홍법단을 조직해서 홍법사업의 기초를 닦음 1967년 대만 고웅현(高雄縣) 대수향(大樹鄕)에 불광산사 창건, 세계 각지에 150여 개의 사원을 건립, 미국 서래대학, 대만 불광대학, 남화관리학원 설립 1986년 세계현밀불학회의(世界顯密佛學會義) 개최 1991년 국제불광회 총회장에 추대 1992년 세계불교도우의회(世界佛教徒誼會) 영구회장에 추대 1998년 〈불광대사전 CD롬〉 제작, 불광위성텔레비전, 불광산국제전산센터 설립, 인도의 보디가야에서 수계식을 봉행하여 남방불교에서 천 년 간 단절되었던 비구니계의 전통 회복 현재 불광산사 개산종장

삼천대천세계에 법수法水처럼
흐르는 다선일미 茶禪一味

 "선(禪)은 바로 대자연입니다. 그 대자연 속에서 삼천대천세계의 불광이 두루 비치고 오대주(五大洲)에 법수가 흘러 활짝 꽃을 피웠습니다. 그것이 바로 우리가 지향하고자 하는 인간불교입니다. 그 인간불교 속에 인정미 넘치는 다선일미를 실천할 때 비로소 선과 차가 하나로 만나게 되지요."

성운 대사의 첫 일성이다. 그를 만나기까지 오랜 시간이 걸렸다. 마침내 2006년 3월 불광산사에서 극적인 만남이 이루어졌다.

성운 대사는 늘 오대주를 누비며 삼천대천세계에 법수를 널리 펴고 있었다. 그렇기에 성운 대사와의 만남은 쉽지 않았다. 그런데 2006년 3월 하순, 의은 스님으로부터 연락이 왔다. 성운 대사가 홍콩을 거쳐 3월 31일 불광산사로 오니 그 다음날 인터뷰 일정을 잡자는 이야기였다. 이 얼마나 반가운 소식인가.

그 뒤였다. 필자는 3월 28일 서울을 출발하여 타이페이 국제공항에 도착, 아리산을 거쳐 31일 고웅현에 도착할 수 있었다. 2005년에 이어 다시 불광산사에 이르니 불광산사의 창립 이념처럼 삼천대천세계에 불광이 널리 비치는 것 같고 불광의 세계에 온 느낌이었다.

다음날 새벽 예불과 아침 공양을 마친 뒤 의은 스님을 따라 전등루에 이르니 불광산사 스님들이 우리를 반갑게 맞이했다. 인터뷰는 전등루의 개산종장실에서 이루어졌다. 성운 대사를 보는 순간 보살의 화현으로 중생을 살피는 것 같았다. 여든 살이 넘은 고령인데도 단전에서 울려오는 우렁찬 목소리는

달라이 라마의 육성을 듣는 듯, 마치 부처님의 자비 광명이 우주 삼천세계에 두루 비치고 그 가르침이 오대주에 가득 넘치는 것 같았다. 성운 대사는 다음과 같이 말했다.

"현대 불교는 세상으로 걸어 나와야 합니다. 스님과 사찰을 위한 불교에서 사회, 가정, 신도를 위한 불교로 거듭나야 합니다."

이에 답하듯 몇 해전 불광산사를 찾은 조계종 총무원장을 지낸 법장 스님은 불광산사를 보고 "기다리는 불교가 아니라 대중에게 다가가는 불교가 되기 위한 불광인의 서비스 정신과 편리한 시스템이야말로 한국 불교인들에게 태풍과 같은 충격이었다"고 피력한 바 있다. 그처럼 불광산사는 깨어 있는 불교, 살아 있는 불교로 각인되고 있다.

성운 대사는 한국의 스님들과 필자를 보자 "이렇게 만나게 되어 매우 기쁘다"라고 말한 뒤 "저는 한국과 인연이 매우 깊습니다. 앞으로 한국 불교와 한 가족처럼 지냈으면 합니다"라고 이야기를 꺼냈다. 인터뷰가 시작되자 스님은 응접실이 먼 거리에 있으니 가까이에서 인터뷰를 하자고 제안했고 의은 스님과 필자는 성운 대사와 가까이에 앉아 인터뷰를 시작할 수 있었다.

참으로 이 얼마나 벅찬 순간인가. 지금까지 성운 대사의 인터뷰는 불교를 중심으로 이루어져 왔으나 '다선일미'를 이야기하기는 이번이 처음이었다. 성운 대사는 1949년 봄 타이페이로 온 뒤 1967년에 불광산사를 창건하여 인간불교의 종풍으로 대중에게 가까이 다가갔다.

"인간불교란 새로운 불교가 아니라 부처님이 내걸었던 인간 본위의 종교를 말합니다. 사람 안에 있는 무한한 불성(佛性)을 개발하고 나누는 것입니다."

불광산사를 이끌고 있는 개산종장 성운 대사는 전세계 160개 사찰과 1백만여 명의 신자, 3개 대학, 불교TV와 불교 일간지 〈인간복보(人間福報)〉를 만들었다. 그는 이 모든 것이 '사부대중의 힘'이라고 말했다. 그와 같은 힘은 어디에서 나오는가. 모두들 그를 말할 때 불보살의 화신이 화현한 것이라고

들 말한다.

　성운 대사는 늘 평상심과 부동심(不動心)을 실천하라고 말하며 그 길은 다선일미에서 찾으라고 역설했다. 차 한 잔 속에서 모든 부동심과 평상심이 하나로 만난다는 논지이다. 그 뜻을 따라 오늘 성운 대사와 차 한 잔을 앞에 놓고 차와 선의 이야기를 풀어간다.

　이렇게 만나 뵙게 되어서 매우 기쁘게 생각합니다. 더불어 오늘 인터뷰는 매우 특별한 것 같습니다. 지금 동아시아 문화권에서 다선일미가 관심사로 떠오르는 이때 한국의 불자와 차인들에게 다선일미 정신을 알리게 되어 매우 기쁩니다.

　"선은 '무념무상(無念無想)'입니다. 선이란 사람 안에 있는 무한한 불성(佛性)을 개발하고 나누는 것입니다. 또한 선은 대자연이며 우리의 마음자리입니다. 세간의 모든 현상은 우리의 심식(心識)에 의해 변화하고 나타나는 거짓상(相)이며 환상일 뿐입니다. 마음의 활동은 갖가지 환상을 일으키기도 하지만 마음이 비면 이미 만들어진 환상도 멸해 없어집니다. 그처럼 마음자리를 찾을 때 진정한 불성자리를 찾듯이 한 잔의 차를 마시는 법도에 있어서도 사람의 근기에 따라 커피를 좋아하는 사람과 차를 마시는 사람으로 구분이 됩니다. 다만 커피는 자극적이고 차는 부드러워서 커피보다 차를 많이 마시는 사람들이 마음을 중화시키고 건강한 마음자리를 찾게

되기에 차는 단순하게 마시는 음료의
차원을 뛰어넘어 우리의 정신문화로 자
리잡게 되었습니다. 나는 이를 다선일
미로 이야기합니다. 부드러운 맛으로
선과 차의 맛을 느낀다는 말이지요."

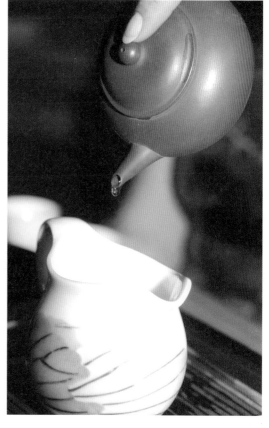

성운 대사께서 불광산사 개산이념으로 들
고 나온 것이 인간불교 아닙니까. 그러면 인
간불교란 대체 무엇입니까.

"바로 부처님의 진리입니다. 단지 시
대 흐름에 따라서 변화되었지만 인간불
교란 새로운 불교가 아니라 부처가 걸
었던 인간 본위의 종교를 말합니다. 사
람 안에 무한한 불성을 개발하고 나누
는 것, 그것을 인간불교라고 말합니다."

불광산사에 불광차가 있듯이 다선일미를
실천하는 도량으로서 차가 앞으로 우리 정신문화에 어떤 영향을 끼칠 것으로 생
각하십니까.

"당나라 때 조주 선사가 있었는데 그는 만나는 사람마다 "차나 한 잔 마
시고 가게"라고 했습니다. 차를 말할 때 상, 중, 하의 과정이 있는 것처럼
차에는 우리의 분별심을 일으키는 경지가 있습니다. 차의 맛을 간별할 때
쓰고 떫고 부드러운 여러 가지 맛을 알아야 합니다. 이 차의 진리를 깨닫
게 되면 사람들의 분별심을 일으키는 마음을 정화할 수가 있습니다."

선차대회 이후
불광산사가 고안
해 낸 반야선차.

천 년 전 마조 선사의 평상심(平常心)과 성운 대사의 인간불교와는 일맥상통하
는 점이 있습니다. 평상심과 인간불교에는 어떤 관계가 있습니까.

"마조 선사 뿐만 아니라 육조 대사와 석가모니 모두가 불법은 세간에 있
다고 했습니다. 세간을 떠나면 깨달을 수 없다고 했습니다. 인간불교란 결
코 사람을 떠나서 존재하지 않습니다. 우리 마음속에 내재한 본성을 찾는
것을 인간불교라고 말하지요. 인간불교란 특별한 것이 아니라 옛 조사가 주
창해 온 인간 본위의 종교를 말합니다. 마조(馬祖)의 평상심과 내가 주장한
인간불교가 천 년의 공백을 뚫고 만난 것은 귀한 인연입니다."

불광사 창건 이념인 삼보일배로 조산예불(朝山禮佛)하는 모습.

오늘날 세계는 인종과 생김새, 언어가 서로 다르지만 차문화 공간에서는 서로가 마음을 주고받고 있지 않습니까.

"그렇습니다. 그 모두가 4천여 년 전에 신농이 백 가지 약초를 먹고 그 해독제로 차나무 잎을 먹고 나은 것이 계기가 되어 차문화가 발달하게 된 것이지요. 그 뒤 육우가 《다경》을 쓰면서 사람들은 차품을 겨루는 갖가지 품다를 하면서 여러 궁리를 하게 되었지요. 또한 한국과 중국의 차의 인연 역시 귀중하지요. 828년 대렴이 가져간 차씨가 지리산에 파종된 뒤 그 나무가 자라 한국땅에 차문화가 싹트게 되었다고 봅니다."

차에 쓰고 떫은 맛이 있듯이 세상의 간을 잘 맞추어야 본성을 일으킨다고 합니다.

"세상살이에서 세 가지 간(間)이 가장 중요합니다. 이 세 가지 간을 잘 처리해야 행복하고 안락한 생활을 누릴 수 있습니다. 세 가지 간이란 첫째는 시간(時間)이요, 두 번째는 공간(空間)입니다. 그리고 마지막 세 번째가 인간(人間)세상입니다. 그 중 세 번째가 중요합니다. 그래서 마조 선사는 '평상심'이라고 말씀했지요. 인간불교란 차의 간을 잘 맞추듯이 간을 잘 해야만이 내 마음속의 불성을 발견할 수 있습니다."

'다선일미'라는 말이 유행하게 되면서 차와 선은 기나긴 역사를 걸어왔습니다. 차를 마시면서 본성을 일으키려면 어떻게 해야합니까.

"차를 마시는 동안 서로가 공경하는 마음이 일어날 때 불성을 찾게 됩니다. 따라서 차와 선과 불교와 사람은 불가분의 관계에 있습니다. 우리가 인간불교를 통해 차의 세계를 이끌어갈 때 아름답고 행복한 세상이 열립니다. 조주차, 운문병이 있듯이 우리 모두 차나 한 잔 드시게!"

성운 대사를 통해 차와 선의 길에 대해 듣는 동안 바로 우리 안에 있는 무한한 불성을 발견하여 인간불교를 일으키자는 그의 말씀에 따라 부동심과 평상심 속에 인간의 진면목이 드러나는 듯했다. 그가 펼쳐 보인 삼천대천세계에 불광이 두루 비추듯이 찻물 떨어지는 소리에 우리의 마음을 일으켜 불성을 발견하는 것 같았다. 그 자리가 바로 평상심이 아니던가.

차와 선을 주제로 한 이번 성운 대사와의 인터뷰는 처음이라 그 어느 때보다도 상징적 의미가 크다고 하겠다. 마치 흐르는 물처럼 한 잔의 차로 한·중이 손을 잡고 다선일미의 전통이 다시 되살아난 것은 반가운 일이 아닐 수 없다.

불교佛敎와 다도茶道

　중국은 차나무의 원산지이므로 '차(茶)의 조국(祖國)'이라는 영예를 갖고 있다. 차는 우리 일상생활 중에서 아주 중요한 부분을 점유하고 있으니 말하자면, '문을 여는 일곱 가지 일[開門件事]'이다(이는 나무, 쌀, 기름, 소금, 간

※ 성운 대사의 다론

장, 식초, 차이다). 차는 사람들이 살아가는 데 일용하는 것과 밀접한 관계가 있으니 이것으로써 일반(一般)을 알 수 있다.

차에는 마시면 정신을 산뜻하게 하고 뇌를 일깨워주며, 기름기를 용해해서 살찌는 것을 막아주고 장을 깨끗하게 하는 공용(功用)이 있다. 민간에서 차를 마시는 풍기가 성행하게 된 것은 불교 사원에서 사세(事勢)를 광대하게 한 공이 크다. 사원에 왕래하는 신도나 손님을 대할 때에 항상 차를 만들어 내거나 객을 대접하는 도에서 세간에 영향을 주었다. 민간에서는 '경차(敬茶)'를 일종의 손님을 대하는 보편적인 예의로 보고 있다. 심지어 '식사 후에 한 잔의 차'는 이미 일반인의 생활 습관이 되었다. 그리고 사원의 농원에서 재배하는 차는 가끔은 지방에서 최상급의 차 재료로 현재 세계에서 명차의 자리를 누리고 있으며 이것은 대부분 스님들이 덖음질하여 만든 차이다. 이 모든 것은 차와 불교가 밀접하여 불가분의 관계에 있다는 것을 증명하는 것이다.

불교 생활에서의 차 응용

중국 민간에 전하고 있는 고사가 있다. 선종 초조(初祖) 달마 대사가 숭산 소림사에서 면벽 수행하고 있을 때 어느 한때 피로가 과도하여 눈꺼풀을 뜰 수가 없었다. 그리하여 분노가 극에 달하자 눈가죽을 베어서 지상에 던져 버렸다. 그런데 눈가죽을 던져 버린 곳에서 놀랍게도 한 그루의 차나무가 자라나게 되었다고 한다. 후에 달마 대사의 제자가 좌선하다 피로할 때에 바로 이 나무의 잎으로 음료를 만들어서 마시니 정신과 머리가 산뜻해졌다고 한다. 비록 전설이라고는 하나 이것은 승려의 수행생

활과 특별히 밀접한 관계가 있다.

불교 승려는 좌선하여 선정을 닦는 것을 일상의 과목으로 하고 있다. 좌선은 마음을 거두어들여 고요하게 하는 것을 요구하는 것이며, 집중 사유하여 하나의 경계로 주입하여 신심을 가볍게 하고 밝고 청정한 경계를 관조하게 한다. 장시간의 좌선은 사람을 혼침에 들기 쉽고 피곤하게 만든다. 이것은 마음이 흐트러져 동요하게 하고 자세가 기울어지게 한다. 다시 혼침에 들어 꿈을 꾸지 못하게 하는 것과 침대에 누워서 잠자는 것은 정좌가 요구하는 것에 서로 위배된다. 그러므로 혼침을 제거하고 수분을 보충하며 정신을 새롭게 하고 머리를 일깨우는 데는 찻잎의 효능이 높다. 때문에 차는 자연스럽게 승려들이 바라는 가장 이상적인 음료에 적합하게 되었다. 그리하여 차를 마시는 것이 사원 안에서 날로 흥성하게 되었으며 동시에 널리 전파되기 시작하였다.

《진서예술전(晉書藝術傳)》에 기재된 글에 의거하면 '후조(後趙) 소덕사(昭德寺) 도개(道開) 법사가 좌선 수행할 때에 한서(寒暑)를 두려워하지 아니하고 주야(晝夜)로 눕지 아니했다'고 하였다. 단지 매일 몇 알의 환약을 복용했으며 아울러 '차소(茶蘇)' 한두 되를 마셨을 뿐이다. 차소는 차의 일종으로서 차, 생강, 계피, 귤, 대추 등을 합하여 끓인 음료이다.

당송 이후에 선사가 자주 차 마시는 것을 강의하고 연구하였기에 선종의 음다풍이 흥기하게 되었다. 당대 봉연(封演)의 《봉씨문견기(封氏聞見記)》 권6에 기재된 것에 의거하면 '개원(開元) 중에 태산(泰山) 영암사(靈岩寺)에 항마(降魔) 스님이 있어 선교(禪敎)를 중흥시켰다. 선을 배우고 힘써 잠을 자지 아니하며 또 저녁밥을 먹지 아니하고 모두 차를 많이 마셨으며, 차를 자신이 품고 다니면서 가는 곳마다 끓여 마셨다. 이로부터 서로 전하여 모방하게 되니 드디어 풍속을 이루었다'고 하였다.

차를 마시는 풍기가 성행한 후에 사원에서는 드디어 음다가 제도화 되었다. 전문적으로 '다당(茶堂)'을 설치했을 뿐만 아니라 선승들이 불교의 진리를 토론하고 신도를 초대하는 처소가 되었으며 빈객이 품다(品茶)하는 곳이 되었다. 아울러 법당 서북쪽에 '다고(茶鼓)'를 세우고 오로지 대중 스님을 소집하여 차를 마실 때에 쳤다. 이밖에도 사원에 '다두(茶頭)'의 직무를 두고 불을 때어 찻물을 끓이는 것을 맡아 손님에게 차를 드리게 하였다. 또한 사원 문전에 향객(香客)에게 차수(茶水)를 베푸는 차를 '혜시(惠施)'하는 스님 등을 안배하였다.

사원의 차를 명칭하여 '사원차'라고 한다. 예를 들면 불광산의 차를 바로 '불광차'라고 하는 것이다. 그 중에 또 약간 세목(細目)을 나누어 보면 부처님, 보살, 조사에게 공양 올리는 것을 '전차(奠茶)'라고 부른다. 수계년한(受戒年限)의 선후를 참고하여 마시는 차를 '계랍차(戒臘茶)'라고 말하고 일반 대중이 집합하여 마시는 차를 '보차(普茶)'라고 말하는 것 등이다. 사원의 선승은 일반적으로 일찍 일어나서 세수하고 양치질을 한 후 바로 차를 마신 후에 다시 예불을 한다. 식사 후에도 먼저 차를 마시고 다시 사찰의 일을 시작한다. 북송 도원(道原)의 《경덕전등록(景德傳燈錄)》 권26에 '새벽에 일찍 일어나서 세수하고 양치질을 마치면 차를 마신다. 차를 마시고 나면 불전에 예배를 한다. 불전에 예배를 마치면 화상이 주하시는 곳에 문안 인사를 한다. 화상 주사처(主事處)에 인사를 마치면 승당 안에서 일을 한다. 승당 안에서 법익을 마치면 당에 올라가 죽을 먹는다. 상당에서 죽을 먹고 나면 자기 처소에 돌아와 잠을 잔다. 돌아와 자고 나면 일어나서 세수하고 양치질을 한다. 일어나서 세수하고 양치질을 하고 나면 차를 마신다. 차를 마시고 나서 동쪽에서 일하고 서쪽에서 일한다'고 기재되어 있다.

《오등회원(五燈會元)》에서는 '식사 후 삼완(三碗)의 차가 화상의 가풍인 것을 알 수 있다'고 하였다. 이로써 알 수 있듯이 선(禪)하는 스님들의 하루 생활에는 차가 없으면 안 된다. 차를 마시는 것은 그들의 보편적 습관이 되었고 그들은 그것을 아주 좋아하였다.

다 선 일 미

청대 정판교(鄭板橋)의 〈대련(對聯)〉에 이런 글이 있다. '예부터 지금까지 명사(名士)는 물의 우열을 품평하고 옛날부터 고승은 차를 너무 좋아하였다.' 승려가 기호로 차를 얼마나 즐겼는지를 알 수 있으며 예부터 모두 그러하였다.

도가 있는 선사는 차를 마셨을 뿐만 아니라 또 일상사에 차를 마시고 품평하면서 선(禪) 도리를 말하며 기봉(機鋒)을 잡아 선도(禪道)를 깨달았다. 예를 들면 유명한 조주 선사의 '차 한 잔 마시게나'의 공안(公案)이 이것이다. 조주 선사는 무릇 어느 학승이 그를 방문하러 가면 모두 "차 드십시오", "사발을 씻으세요" 혹은 "소지하십시오"라고 말하였다. 만약 학인이 "선사님! 어떤 것을 도(道)라고 합니까?"라고 묻는다면 그는 말하되 "그대여, 가서 차 드십시오"라고만 하였다. 만약 학인이 다시 "어떻게 깨달음을 얻습니까?"라고 묻는다면 그는 학인을 불러 "차 마십시오"라고 하였다. "어떤 것이 도입니까? 무엇이 깨달음입니까?"라고 하면 하나같이 "차 드십시오"라고만 하였다. 이 말에는 '수행자는 생활을 여의지 말고 생활 속에 도가 있다는 것을 깨달아야 한다'는 의미가 있다.

선종에서는 불법을 다만 평상심으로 인정한다. 불법은 근본에 특이한 곳이 없으며 다만 평상시에 차를 마시는 것과 같으며 밥을 먹는 것, 옷을 입는 것과 같이 평범하다. 다만 사람들이 항상 망상 분별에 빠져서 본성과 불성이 상응할 수 없기 때문이다. 그러므로 조주 선사는 사람들에게 생활을 여의지 말라고 했던 것이다. 왜냐하면 생활을 떠나면 곧 도는 찾을 수가 없기 때문이다.

조주의 '차나 마시게나'의 공안은 후에 일본에서 풍미하여 일본 승려에게 영향을 주었다. 일본 다도 비조(鼻祖)중 한 명 무라다쥬코우는 일찍이 저명한 잇큐(一休) 선사의 문하였다. 그는 좌선하고 있을 때에 항상 피곤하여 눈이 감겨서 깨어나지 못하여 불안하였다. 후에 의사의 권고를 듣고 차를 마시게 되어 이로부터 졸려서 눈이 감기는 악습을 고쳐 나갔다. 아울러 점점 차를 마시는 규칙을 세워 나가기 시작하여 '다도'를 창립하였다. 그리고 마침내 '차 할아버지' 라는

영예를 얻게 되었다.

그가 다도를 완성한 후에 잇큐 선사가 그에게 물었다.
"어떤 심경으로 차를 마시려고 했느냐?"
무라다쥬코우가 대답했다.
"건강을 위해서 마십니다."
잇큐 선사는 이 회답에 대하여 만족하지 못한 뜻으로 또 그에게 물었다.

"조주 선사의 '차 마시게나'를 어떻게 생각하느냐?"

무라다쥬코우는 묵연(默然)하였다.

　그리하여 잇큐 선사는 시자를 불러 찻잔을 가져오게 하여 무라다쥬코우의 손에 올려놓게 할 때에 잇큐 선사는 문득 큰소리로 할을 하고 아울러 그의 손 위에 놓인 찻잔을 땅에 떨어뜨렸다. 그러나 무라다쥬코우가 의연하게도 한 동작도 움직이지 않고 다만 잇큐 선사에게 예를 올리고 물러나 걸어서 문 입구에 도달했을 때에 잇큐 선사는 돌연히 불렀다.

　무라다쥬코우는 머리를 돌려 회답하여 말했다.

"제자 여기 있습니다!"

잇큐 선사가 물었다.

"찻잔이 이미 땅에 떨어졌는데 너는 그래도 차를 마시려느냐?"

무라다쥬코우는 양손으로 잔을 받드는 모양을 하면서 말했다.

"제자는 그래도 차를 마실 겁니다"

잇큐 선사가 계속 멈추지 않고 뒤따라서 물었다.

"네가 이미 여기를 떠나려 준비하였고 잔이 없어졌는데, 어떻게 그래도 차를 마시겠다고 하느냐?"

무라다쥬코우는 정성스럽게 대답했다.

"제자는 저쪽에 가서 차를 마실 겁니다."

잇큐 선사는 다시 물었다.

"내가 방금 너에게 차를 마시어 마음에 무엇을 얻었느냐고 물었는데 너는 다만 알기를 여기에서 차를 마시고, 저쪽에서 마실 뿐이라 도대체 마음에 얻은 것이 없으니 이렇게 무심하게 차를 마시어 장차 어찌 하겠느냐?"

무라다쥬코우가 잠잠히 답했다.

"무심(無心)의 차는 버들잎은 푸르고 꽃은 붉습니다."

그리하여 잇큐 선사는 크게 기뻐하고 곧 인가를 해주니, 무라다쥬코우는 새로운 다도(茶道)를 완성시켰다.

능히 평화로움을 주는 차, 선미(禪味)의 차, 무심(無心)의 차를 마시면 특별히 하나의 불가사의한 선의 경지를 깨닫게 된다. 그러므로 잇큐 선사도 과히 나무라지 않고 찬탄해 주면서 무라다쥬코우의 다도에 동의하고 있다.

선과 다도가 상통하는 곳은 단순(單純)함과 고요함, 깨끗함에 있다. 선은 일종의 구경의 지극한 실재를 바로 깨달아 잡아내는 것이니 '부모미생전 본래면목(父母未生前 本來面目)'과 같은 것이다.

차의 청순함과 지성은 정신상에 있어 선이 본래 갖고 있는 것과 상응하는 곳에 있다. 차를 마시는 그 가운데서 무아(無我), 무미(無味)한 맛을 알면 이것은 선의 지고한 경계와 상통한다. 그러므로 다선일미는 곧 차의 맑음과 단순한 맛과 선의 고요함과 적적함을 융화해서 일체를 이룬 처소와 같은 뜻이다.

불교는 차를 널리 전파시켰다. 사원에서 차를 마시는 풍이 성하게 된 것은 이 또한 차나무 심는 것을 중시했기 때문이다. 찻잎을 따서 제조하자 한 방면으로 자급자족이 되고 또 한 방면으론 사원의 비용을 보충하게 되었다. 이로 인하여 알지 못했던 수많은 명차와 인연을 맺게 되었다.

명청대 이래로 불교 사원이 대부분 깊은 산속 총림 중에 있었는데 이는 자연히 차나무가 생장하기에 적합한 환경이었다. 여기에 승려가 정성을 더하여 키워서 배양하고 그 잎을 따 제조하였으니 당연히 생산된 찻잎은 흔히 상품에 속하였다. 예를 들면 저장성 보타사의 '불차(佛茶)', 천태(天台) 화정사(華頂寺)의 '운무차(雲霧茶)', 윈난성 대리(大理) 감통사(感通寺)의 '감통차(感通

茶)' 항저우 법경사(法鏡寺)의 '향림차(香林茶)' 등이다. 더욱이 저장성 운화 혜명사의 '혜명차(惠明茶)'는 일찍이 1915년의 파나마 만국 박람회에서 특상 을 받았다. 이밖에 여항(餘杭) 경산사(經山寺)의 차 전당(錢塘) 보운암(寶雲 庵)의 차, 쓰촨성 아미산(峨嵋山) 만년사(萬年寺)의 죽엽청(竹葉靑), 광시성 계평(桂平) 서산암원(西山庵院) 등에서 제조된 차의 품질은 모두 중국 밖에서 도 이름을 드날렸다.

이외에도 대만의 6대 차 종류 중의 하나인 우롱차(烏龍茶)는 그 시조가 바 로 푸젠성 무이산(武夷山)의 '무이암차(武夷巖茶)'이다. 무이암차는 송원 이 래로 하나같이 무이산 스님이 만들어낸 가장 좋은 품질이었다. 또 이름이 널 리 알려진 동정산(洞庭山)의 '벽라춘차(碧螺春茶)'는 끓으면 물이 맑고 신선 한 녹색을 띤다. 또한 동정산(洞庭山) 수월선원(水月禪院) 승려가 제일 먼저 따서 만들어 낸 '수월차(水月茶)'가 연변하여 만들어진 것이다. 명대(明代) 승려가 제작한 '대방차(大方茶)'는 안후이성(安徽省) 남부 '둔녹차(屯綠茶)' 의 전신이다. 찻잎 중에 가장 진귀한 '대홍포(大紅袍)' 또한 불교에 일단 연 원이 있다. 이외에도 휘주(徽州)의 '송라차', 황산(黃山) 운고사(雲古寺)의 '모봉차(毛峰茶)' 등은 모두 불문(佛門)에서 나왔다.

당대의 육우는 차를 즐기는 사람이었고 또 다도에 정통하여 후에 다신으로 받들어졌으며, 그가 지은 《다경》은 세계에서 가장 최초로 쓰여진 찻잎에 관 한 전문 저술이었다. 육우는 불교 사원 출신이며 일생에 사원을 떠나본 적이 없다. 《다경》은 바로 그가 국내 각지 명산 고찰을 두루 유람하고 자기가 친히 찻잎을 따고 차를 제조하며 차의 등급을 품평(品評)하고 아울러 널리 승려와 상관된 경험을 흡수한 것에 결론을 더하여 쓴 것이다. 불교 사원에서 차를 마 시는 풍습은 후에 선종이 흥성해짐에 따라 북방에 전파되니 민간에서도 보편 적인 풍속이 되었다.

송대의 저명한 저장성 여항 경산사에서 언제나 거행된 투차는 승려ㆍ신도·향객(香客)이 공동으로 참가하여 차 연회를 열고 차품을 맛보고 각종 찻잎의 질량을 감정하고 품평하였다. 기술 교류를 통과한 후에 또 새로 돋아난 연약한 잎을 갈아 분말을 만들어 물에 풀어 거품을 내는 점다법(點茶法)도 발명하였다. 이것은 또 차를 볶아서 끓는 물에 넣는 방법으로 바뀌었으니 매우 간편하고 또 쉽게 되었다. 이렇게 민간에서 차를 마시는 습관이 보급된 것이며, 한걸음 나아가서 현리한 추동작용이 되었다.

찻잎은 후에 불교가 크게 전파됨으로써 중국에서 조선으로 전해졌다. 아울러 민간에서도 차를 마시는 풍속이 유행하게 되었다. 서기 805년 일본 고승 사이초(最澄) 스님이 저장성 천태산 국청사에 참학하러 갔다가 본국에 돌아갈 때에 종종 차를 가지고 가서 강 근처 판본촌 국태산록에 심었다. 다음 해에 쿠가이(空海) 대사도 중국에서 일본으로 돌아갈 때에 많은 차 종자를 가지고 귀국하여 각지에 나누어 심어서 제일 먼저 일본에 차 종자를 심기 시작하였다. 아울러 중국의 차 만드는 기술이나 예술도 일본에 전파되었다.

송대(宋代) 에이사이(榮西) 선사도 중국 유학을 마치고 일본으로 돌아갈 때에 차종자 내지 선사의 차 마시는 방법을 가지고 갔다. 아울러 만년에 《끽다양생기(喫茶養生記)》를 저술하는 데 힘써 음다(飮茶)의 호처(好處)를 선양하니 차 마시는 풍습이 일본에 점점 유전되기 시작하였다. 후에 슈이치(聖一) 선사와 다이큐(大興) 선사 모두 다 일찍이 저장성 여항 경산사에 도착하여 경산사의 차 종자와 연차(碾茶)의 전통 방법 내지 차 석구(石臼)를 가지고 일본에 돌아갔다. 아울러 일본 경산사의 점다법(點茶法), 다연(茶嚥), 투차가 전파되어 일본에서 다도가 흥하게 되었다.

이외에도 무라다쥬코우는 일찍이 중화(中華)를 방문하여 저명한 원오극근 선사께 나아가 배우고 학문을 이루어 원오극근 선사가 저술한 《다선일미》를 가지고 돌아왔다. 이 책은 현재 일본 나라(奈郎) 다이도쿠지(大德寺) 내에 안장되어 있다.

무라다쥬코우는 또한 이로써 친히 몸소 실천하고 잇큐 선사의 가르침 아래 일본 다도를 창립하였으며 게이슈오(經紹歐), 센리큐가 발전시켜 오늘날 규범이 아주 엄격한 일본 다도가 형성되었다. 이 영향이 다시 문학·미학·철학·서법·화도(花道)에까지 미쳐 널리 보급되었다. 내지 일본인의 거처에까지 퍼져서 정원 꾸미기나 상차림, 응대예절 등 하나도 영향을 받지 아니한 것이 없다. 이로 인하여 일본은 불교를 투과하여 중국문화를 흡수했다고 말할 수 있다. 일본인이 불교를 받아들이는 데 다도가 매개가 된 셈이다.

　옛날 승려는 명차를 심어서 이 좋은 차로 향객을 접대하였다. 오늘날 각지에 마련된 여행객을 위한 휴식공간도 이러한 풍기를 승습한 것이다. 여행자는 대자연 속에 유유히 쉴 수 있다. 동시에 한 잔의 뜨거운 차를 향유(享有)하는 것에도 특별한 정취가 있으며 사람들에게 그윽한 향기를 몇 배나 느끼게 한다. 오늘날 우리들이 많은 명차를 품상(品賞)할 수 있게 된 것도 모두가 앞 사람들이 노력한 성과이다. 그리고 불교 승려들이 많은 심혈을 기울여 만든 것이다.

　한 잔의 향기로운 차를 생각해 보라. 그것은 어렵고 복잡한 것을 조화롭게 해주고 옛 친구와 편안하게 앉아 한담하게 한다. 또한 동행이 같이 모이고 물자를 교역할 때에 능히 마음을 안정시키고 생각을 맑게 해주어 선(禪)의 경지를 알게 해준다. 실로 인간 생활 중에 아주 좋은 동반자이다.

차茶와 선禪을 하나로

차는 지금 온세상의 문화입니다. 한국이 차와 선을 훌륭하게 계승하고 발전시키는 것은 실로 훌륭한 안목을 지녔음을 의미합니다. 불광산사(佛光山寺)에서 거행되는 이번 '세계선차문화교류대회'에 참가하신 여러분을 환영하는 바입니다.

※ 제2차 세계선차문화교류대회 개막 법어.

예전에 조주 선사께서는 참선을 하려고 찾아온 사람에게 어디에서 왔는지를 먼저 묻고, 또 무엇을 하려고 왔는지를 물었습니다. "참선을 배우려고 합니다"라는 대답에 스님께서는 언제나 "차나 들고 가시게"라고 대답하셨습니다. '참선'과 '끽다'가 서로 같은 점을 지녔다는 것은 무척 흥미로운 것입니다. 차는 사람의 갈증을 풀어주고, 마음을 맑게 하고, 정신을 안정시키고, 폐를 촉촉하게 적셔줍니다.

특히 마음을 맑게 하고 정신을 안정시키는 효능은 참선수행을 하는 사람에게 효과적입니다. 그가 물가나 숲속 혹은 정자 한 모퉁이에서 가까운 벗 서너 명과 어울려 차를 마시며 선(禪)과 도(道)를 논한다면, 그 순간에 마음이 맑아지고 정신이 안정되어, 온 세상이 바로 거기에 있게 되는 것입니다. 우리가 차를 마시는 바로 그 순간 속에 있게 될 것입니다.

인간 세상의 분란은 우리가 마시는 차 속에서 모조리 사라져버릴 것입니다. 그리하여 일체를 대자연으로 돌아가게 하고, 평등으로 귀납하게 하고, 대자연과 융합하게 만들어 서로 교류하고 서로 돕게 할 것입니다.

그러므로 한국에서의 차와 선에 대한 부단한 연구에 우리 불광산사의 모든 구성원들은 지원을 아끼지 말아야 할 것입니다. 온 세상의 뜻있는 사람들은 민족에 대한 존경, 문화의 확산, 인간관계의 조화와 마음의 조화를 위해 차와 선을 하나로 만드는 것이 최선의 방법일 것입니다.

선다도를 이어 온

큰 스승

반연구(潘燕九)

1924년 중국 장쑤성 가정현 출생 1945년 모산도사(茅山道士)의 선다도(仙茶道) 제자가 됨 1983년 공영방송에서 연출한 〈고금다법(古今茶法)〉 8개 국어로 전 세계에 방영 1988년 장쑤성 소주(蘇州) 학원 노인(鶴園老人) 클럽에서 〈당인다도(唐人茶道)〉 연출 1991년 한·중·일 다도문화교류센터에서 차시화 전시 1996년 행정원 전국다예계(全國茶藝季) 우승, 한국 부산시 문예계에 중국인으로는 유일하게 초청됨 1997년 제7회 전구중화문화예술신전(全球中華文化藝術薪傳)상 수상 2001년 전국 청계신문예(靑溪新文藝)상 수상 2006년 도원현(桃園縣) 청계서화(靑溪書畵) 신전(薪傳)상 수상 현재 한국, 중국, 일본, 싱가폴, 말레이시아 등지에서 전시 **현재** 선다도(仙茶道) 연구가

저서
1945년 《선다도》, 《수업어모산도사무묘자도장(受業於茅山道士無妙子道長)》, 《무이진거선가다도(武夷眞居仙家茶道)》

선다도仙茶道 정통 맥 이어 온
다선茶仙 반연구潘燕九

반연구(潘燕九)라는 사람을 처음 만났을 때 범상치 않은 사람이구나 하는 생각이 들었다. 필자가 그의 소식을 처음 접한 것은 2003년이다. 한 차인으로부터 대만에 정통 선다도(仙茶道)의 맥을 잇고 있는 사람이 있으니 그를 주목해보라는 이야기를 듣고 난 뒤부터다. 그 후 반 선생을 찬찬히 관찰하기 시작했다. 그를 만난 계기 또한 뜻밖이었다. 2007년 4월 대만 불광산에서 열린 '제2차 세계선차문화교류대회'에 반 선생이 참관하면서 해후하게 된 것이다. 그러나 선차문화교류대회의 빡빡한 일정으로 그와 이야기를 나눌 시간적 여유가 없었다. 서로 아쉬움을 남기고 헤어졌다. 그 뒤 선차문화교류대회가 끝나고 타이페이에 도착할 즈음 연락을 했다. 그런데 뜻밖에도 반 선생은 필자의 연락을 받자 곧바로 필자가 묵고 있는 호텔로 달려왔다. 호텔 커피숍에서 만나 전날 못한 이야기를 밤새워 나누었다. 그를 통해 선다도의 원류를 자세히 들을 수 있었다. 참으로 귀한 인연이 아닐 수 없었다.

선다도를 떠올릴 때 우리는 2000년 전 서한 시대의 농부 오리진(吳理眞)을 떠올린다. 후세에 그를 감로보혜(甘露普慧) 선사로 쓰촨성(四川省) 몽정산(蒙頂山)에 들어가 선다(仙茶)의 비조가 되었던 사람으로 생각해 왔다. 그런 역사가 떠올라 반연구라는 사람이 선다도의 맥을 잇고 있다는 말을 듣고 눈이 번쩍 뜨였다. 그가 보통 사람이 아님은 당시 나이 85살에 비해 젊은이 못지

않은 건강과 웃음, 해학을 지닌 일가를 이루었다는 사실로 미루어 알 수 있었다.

게다가 선다도 외에도 시(詩), 서(書), 화(畵)와 전각(篆刻), 기공(氣功), 화도(花道)에도 일가를 이룬 사실을 알고 깜짝 놀란 바 있다. 또한 그가 무이진인(武夷眞人)의 선다도의 맥을 이었고 남경의 아산(芽山) 도사의 양생법까지 이었다는 사실도 알게 되었다. 전날 못다 한 이야기를 다음날 만나 하기로 약속하고 그의 차실을 찾았을 때 노구에도 불구하고 그는 환한 미소로 우리를 반겼다. 그의 차실에는 평생 모은 갖가지 당, 송, 명, 청 근대에 이르는 차도구들이 즐비하여 우리를 또 한번

놀라게 했다.

반 선생은 일일이 도구들을 설명한 뒤 2층으로 올라갔다. 반 선생이 차 한 잔을 우리에게 내왔다. 그 차를 받아들자 보통 차가 아님을 단박에 간파했다. 찻잎을 갈아서 우려 낸 차가 아니던가. 중국에서 끊어져 버린 줄만 알았는데 송나라 다풍이 그대로 남아있다는 사실을 알고 또 한 번 놀랐다. 그로부터 선다도의 맥에 관한 이야기를 듣는 순간 잃어버린 역사의 한 페이지가 되살아나는 것 같았다. 이 모두가 조주의 끽다거의 인연과 불광산이 맺어준 인연이라고 생각한다. 그를 두 차례 만나 선다도의 원류를 밝혀 본다.

먼저 불광산에서 열린 '제2차 세계선차문화교류대회'를 본 느낌은 어떠했습니까.

"매우 감동적이었습니다. 종교적 의미에 다가서는 결집력을 보았고, 각국 민족의 차가 한자리에 모여 선차문화를 논한 것이야말로 차가 새롭게 깨어나는 자리가 아닐 수 없었습니다."

각국의 다예를 본 소감은 어떠했습니까.

"선차문화교류에서 한층 더 나아가 선차(禪茶), 선다(仙茶) 다예(茶藝), 다도(茶道), 도가(道家) 등 각종 차문화가 한자리에 모인 다예로 발전했으면 좋겠습니다."

선과 차는 양 날개가 되었고 세계는 지금 선차의 깃발 아래 모였습니다. 반 선생께서는 평소 기회가 있을 때마다 차에는 세 가지 품격이 있다고 말씀하셨습니다.

"그렇습니다. 나는 차에도 예술적 품격이 있다고 생각해요. 첫째는 시를 쓸 때, 붓글씨와 그림과 글을 쓸 때, 전각을 할 때 각 분야가 다르지만 차와 융합을 하면 크게 발전될 것 같습니다. 차문화와 예술이 서로 융합할 때 더 많은 발전이 있을 것으로 기대합니다. 두 번째는 차와 종교의 만남

선다도의 발원지
무이산 만정봉과
그 아래 팽조상.

을 들 수 있고, 세 번째는 차문화의 형태를 바꾸어야 한다는 것입니다. 예를 들면 차와 음식, 과자들을 차와 결부하면 한층 더 발전될 것으로 봅니다."

반 선생께서는 예로부터 내려온 다선(茶仙)의 정통 맥을 잇고 있는데 그 내력을 듣고 싶습니다.

"내가 다선의 정통을 잇게 된 것은 무이산 조사로부터 양생법을 이으면서지요. 그때가 1945년이었습니다. 내 기억으로는, 8~9세 때 내 고향 소주(蘇州)에는 해마다 음력 7월 15일 고인(故人)을 제도(薺渡)할 때 지방에서 스님이나 도사를 모셔와 복을 비는 기도를 올리는 풍습이 있었습니다. 법회의 규모 또한 아주 성대하여 유년기에 호기심 많은 나는 자주 구경꾼 틈에 끼여 그 광경을 지켜보았습니다. 그때 법회에서 무묘자(無妙子)라고 하는 아산(牙山) 도인의 눈에 내가 띄게 되었지요. 무묘자는 나를 아주 좋아했고 내게 총기가 있어 보인다며 그를 따라 출가할 것을 권유했습니다.

당시 나는 소주에서도 둘째가는 대부호였고, 무묘자는 해마다 한 번씩 산에서 내려와 저희집에 와서 공덕을 빌어 줄 때마다 출가를 권유하였지만, 내가 집안의 장손인 까닭으로 부모님은 허락을 하지 않았습니다. 그로부터 10년이 지나 민국 34년인 1945년에 무묘자는 자신의 제자가 되어줄

가능성이 보이지 않자 자신의 나이가 많아 앞으로 하산하여 설법을 하지 못할 것과, 비록 제자의 인연을 맺지 못했다 해도 당신의 학문과 사상을 충분히 이어 받을 수 있을 것이라는 등의 말을 했습니다. 그렇게 해서 나에게 무이산 도인의 평생 전수되어 온 선다도의 맥이 끊기지 않고 있습니다. 그리하여 선다도의 비결을 구술(口述)하여 내게 한 자 한 자 밟아 쓰게 해서 비전케 되었습니다."

선생께서는 남경의 도사로부터 양생술도 이었다고 들었습니다.
"그렇지요, 남경의 아산 도사로부터 양생술을 전수했습니다.

시대에 따라 차의 음풍도 변화했는데 선생께서는 당, 송, 명 시대에서 근대에 이르기까지 다풍은 어떻게 변화되었다고 보십니까.
"처음 중국에서 시작한 차가 양생차였습니다. 이는 도가적 영향을 많이 받았다고 볼 수 있지요. 한나라로 오면서 건강음료가 되었고, 당대에 접어들면서 육우가 나와 차를 품다하는 방법으로 바뀌었고, 송대에 이르러 예술로 승화되었습니다. 이는 송나라 휘종이 영향을 끼쳤다고 볼 수 있고, 명대에는 차문화가 완전히 바뀌어 버렸습니다. 산차(散茶)의 등장입니다. 청대는 명대의 문화를 발전시켜 중화인민공화국까지 그 형태를 따르고 있습니다."

반 선생의 차와의 인연은 어떠했습니까.
"나는 어린 시절 장쑤성 가정현(嘉定縣)에서 자랐던 터라 자연스럽게 차와 인연이 깊습니다. 소주 속담에 '아침에 차를 마시고 저녁에 목욕을 한다'는 말이 있습니다. 나는 9살 때부터 차를 마시기 시작했고, 내 고향에 강남의 명차인 벽라춘(碧螺春)이 많아 그 차를 즐겼습니다. 그런데 무이진

인이 냉수에 차를 타서 먹는 것을 보고 깜짝 놀란 바 있습니다. 노도사가
마셨던 방법, 즉 잎차를 가루로 내어 마셨던 방법이 중국 정통 다법임을
뒤늦게 알게 되었고 지금은 가루차를 만들어 냉수에 타서 마시고 있습니
다."

　최근 무아차회가 대만에 유행하고 있는데 이번 선차대회의 무아차회를 보고 느
낀 점과 개선할 점은 어떤 것입니까.

　"그것은 귀족차입니다. 대중이 함께 마실 수 없는 까닭에 차문화 발전의
저해 원인이지요. 무아차회 역시 참석한 사람만 차를 즐길 수 있어 대중화

의 저해 원인이 됩니다. 한마디로 말해 귀족화되고 있는 것이 무아차회입니다."

앞으로 차의 세계는 어떤 다법이 주도할 것으로 보십니까.

"선차(禪茶)와 다선(茶仙)이 결합하는 새로운 차문화가 차를 주도할 것으로 봅니다."

선생께서는 다선일미를 어떻게 보십니까.

"나는 한마디로 다즉선야(茶卽禪也)로 봅니다. 차는 선이요. 선을 곧 차라고 말할 수 있지요"

반연구 선생의 '다즉선야' 이 한마디가 가슴을 적셨다. 이번 '제2차 세계선차문화교류대회'의 대미를 장식한 말이 되어버렸다. 다선 반연구 선생은 차와 함께 예술혼을 불태우면서 선다도의 정신을 세상 속에 널리 펼치고 있다. 그가 하얀 도복 속에서 우려낸 한 잔의 차는 송나라 시대 사라져버린 단차(團茶)의 맥을 고스란히 잇고 있는 것이다. 그가 살아있는 다선(茶禪)으로, 세계가 주목하는 다선(茶仙)으로 추앙 받고 있는 까닭이라고 하겠다.

선다도仙茶道의 발원지,
무이산과 불로장생을 주장한 도교의 차

도교(道敎)의 차가 시작된 곳, 무이산 만정봉

중국인들의 몸과 마음을 지배하는 두 가지 계통의 사상이 있다. 유교와 도교가 그것이다. 그 사상 속에 흐르는 또 하나의 사상은 차문화(茶文化)이다. 최근 들어 중국 내에서 일어나는 공자 열풍에 힘입어 "공자를 다도종사(茶道宗師)로 받들자"라는 여론이 일어나고 있다. 공자의 75대손인 공건(孔健)이 밝힌 '경삼도지례(敬三道之禮)'에 공자 이래로 차가 전승되었다는 사실을 밝혀내고 중국 내 유교 열풍을 타고 유교차의 부활을 시도하고 있다.

중국 현대문학의 거장 원이뒤(聞一多)가 "중국인의 마음속에 유교와 도교가 자리 잡고 있다"고 말했듯이 유교와 도교의 사상 속에서 자연스럽게 차문화를 일구어낸 점이 주목된다. 그 중 도교의 차가 횃불처럼 떠오른 곳이 무이산이다.

　　무이산은 일찍이 도교, 유교, 불교가 서로 공존하면서 그윽한 무이암차의 명성을 드러내고 있다. 무이산은 도교의 36동천(洞天) 중에 16동천이 있는 도교의 명산이다. 그 무이산에 도교차의 그림자가 드리운 것은 수천 년 전이다. 도교의 차는 은밀히 비전되어 온 터였다. 그렇게 비전되어 온 도교의 차를 세상 밖으로 끌어낸 사람은 다름 아닌 다선으로 일컬어지는 반연구 선생이다.

　　그는 시, 서, 화, 전각, 서예, 화도에 능한 어른이다. 대만 불광산사에서 그를 처음 만났을 때 그는 봉투를 열더니 종이 한 장을 꺼내 보였다. 선다도에 관한 문서였다. 자세히 살펴보니 무이산 진인으로부터 선다도를 전수받았다는 내용이 수록되어 있었다. 참으로 놀라운 내용들이었다. 그로부터 6개월간 대만과 무이산을 두 차례 답사한 끝에 도교차의 실체를 밝혀내기에 이르렀다.

반연구 선생이 잎차를 가루 내서 우리는 독특한 행다법을 선보이고 있다.

만 정 봉 에 서   무 이 차 가   발 원 되 었 다

무이궁은 원래 도관이었다. 주희(朱熹, 1130~1200)가 무이산에서 주자학을 일으키기 직전까지는 도교 발원지였다. 그러나 주희가 무이산을 주자학의 메카로 만들면서 하나둘씩 주자학의 기풍이 세워졌다. 무이산에서 높이 솟은 산을 올려다보면 거대한 암벽에 에워싸인 산봉우리가 보인다. 그 산봉우리가 만정봉(蝠亭峰)으로, 무이산을 있게 한 팽조(彭祖)가 800살까지 산 뒤 그 산봉우리 위로 승천했다는 전설이 전해진다. 그렇게 보면 만정봉이 도교차의 발원지였다. 지금은 그 발원지를 한번 보는 것이 여간 어려운 일이 아니다. 산길이 끊겨 갈 수 없는 데다가 주자에 눌려 팽조는 무이산 사람들에게도 전설 정도로 치부돼버리고 말았기 때문이다.

'제1회 무이산 국제선차문화절' 의 막바지인 2007년 9월 20일에서야 만정봉에 올랐다. 무이산 선차문화연구회의 소장천 비서장이 우리를 무이궁 앞까지 안내했다. 우리 일행은 무공 스님과 우전 스님, 문화인류학자 박정진 교수, 〈금일중국(今日中國)〉 장홍(張洪) 중문부 주임기자가 동행했다. 만정봉에 이르려면 가파른 돌계단을 따라 올라가야 했다. 1시간 만에 정상 가까이에 올랐다. '만정봉' 이란 정자와 돌비가 서 있었다. 여기서부터 길이 끊겨 더 이상 갈 수 없었다. 그러나 중도에서 포기할 수는 없었다. 만정봉 정자 앞에서 한참을 망설이다가 우전 스님이 오솔길을 찾아냈다. 그 길을 따라 만정봉으로 가는 길에는 무이산이 한눈에 펼쳐졌고 그 산 아래 차밭은 한 폭의 그림 같았다. 20여 분을 걸으니 만정봉 정상 부근까지 이르렀다. 길이 끊겨 더 이상 진입이 어려웠다. 그때 필자는 나무사이로 이목구비가 완연한 팽조상을 발견하고 그 순간 자신도 모르게 "아, 저기 팽조가 있어요"라고 소리쳤다. 자세히 들여다보니 튀어나온 이마와 콧날이 우뚝 선 석상은 분명 팽조였다. 순간 전율이 느껴졌다. 높은 절벽 위에 사람의 모습으로 헌신한 이가 바로 무이차를 일으킨 선인이란 말인가. 그는 만정봉 바위 위에서 산 아래를 관망하듯

영락없이 무이산 사람들을 굽어보고 있었다. 대대로 무이산 만정봉 아래의 큰바위에서 제사를 지내고 있었다. 제사 때에는 새로 채취한 차를 다신(茶神)에게 먼저 올렸다. 한조 이후 만정봉 아래에서의 제사는 멈추지 않았다고 한다. 만정봉은 이처럼 신성시되어 왔다.

갈홍이 쓴 《신선전》에는 팽조의 이름은 '전갱(錢鏗)'이자, 황제 전욱의 현손으로 은(殷)나라 말기를 살다간 사람으로 760살까지 살았다고 전한다. 팽조는 세상일에는 관심이 없고 명예를 추구하는 일도 없었다. 이에 은왕(殷王)이 그를 대부로 모셨으나 병을 핑계로 정사에 관여하지 않았다. 때때로 밖을 유행하기도 하였으나 그가 어디를 가는지 누구도 알지 못했다.

800세까지 살다가 무이산 만정봉에서 승천했다는 팽조. 그는 도교차의 시조이다.

도교의 대표적 신선으로 받들어졌던 팽조는 본래 요임금의 신하였다. 그는 치수(治水)에 큰 공을 세워 요임금으로부터 대팽조 국왕이 되었다. 대팽국은 지금의 장쑤성 서주시(徐州市)이다. 그 뒤 상(商)나라 무정이 대팽국을 침공하여 팽조는 무이산으로 이주한다. 무이산은 13동천, 15동천, 16동천이 있는 도교의 명산이다. 전설에는 팽조는 '팽무(彭武)'와 '팽이(彭夷)'라는 두 아들을 두었는데 이들의 이름을 따서 '무이산'이라고 지어 불렀다고 한다.

도교의 차는 무이차에 어떤 영향을 끼쳤나

세계자연유산인 무이산의 빼어난 산수와 그윽한 차향이 세상에 널리 퍼져나간 뒤부터 세계인은 무이산을 주목하기 시작했다. 무이산 산천의 신령스러운 정기와 암골화향을 머금고 자라고 있는 무이암차의 향기와 맛에 사람들은 놀란다. 또한 유교와 불교, 도교가 어우러지면서 무이암차의 명성은 나날이 세상 밖으로 퍼져나가고 있다.

남북조 시대인 479년 만감후(晩甘候)가 첫 무이차의 시작이었다. 당대에는 증청(蒸靑)을 통해 만든 연고(硏膏)와 병차(餠茶)가 유행했고, 송나라 시기에는 용단(龍團)이 유행하였다. 그 명성을 잇는 무이암차는 1607년에 마카오를 통해 유럽지역으로 알려지면서 세계인의 주목을 받기 시작했다. 무이암차는 암골화향에서 나는 독특한 산천의 기운을 모아 법제되는 특징 때문에 그 명성이 세상에 널리 알려지기 시작했다.

무이암차가 이런 유구한 역사를 지니고 있듯이 무이산은 유교와 불교, 도교가 어우러져 있는 곳이다. 그래서 무이암차는 종교적인 의미를 지닌 차로 알려진 것 같다. 세계적 명차인 대홍포 또한 천심영락선사에서 법제한 차를 말한다. 그처럼 무이암차는 종교와 밀접한 연관을 맺고 있다.

대만의 차 연구가인 반연구 선생은 선다도의 발상지가 무이산이라고 증언한 바 있다. 남북조 시대 도사인 도홍경(陶弘景, 456~536)의 《잡록》에 '차는 사람의 몸을 가볍게 하고, 환골하게 한다'고 했다. 도교의 시조인 노자의 제자 관윤(關尹)은 '차를 한 잔의 황금빛 불로장생약'으로까지 높이 받들었다. 도교에는 선단술이 있듯이 차 또한 불로장생약이라고 불렀다.

도원동의 푸른 노을 사이로 차향이 흐른다. 도교의 메카인 도원동에 이르러 놀라운 사실 하나를 발견했다. 2007년 7월 필자가 도원동을 처음 찾았을 때 개원고관(開源古觀) 앞에 차가 놓여 있지 않았다. 그런데 도교의 차를 이야기 한 뒤 경내에는 도교의 상징인 팔괘와 목숨을 길게 하는 수(壽)가 새겨진 높은 바위가 산을 이루고 있다. 그 위 도교의 시조인 노자가 굽어보고 있다.

도교의 차 마시는 풍습은 노자의 제자 관윤으로부터 비롯되었다. 함곡관(函谷關)에서였다. '늙으신 철인에게 먼저 한 잔의 황금빛 불로장생약을 바쳤다'고 적혀 있었다. 이것이 도교의 차의 시작인 듯하다.

앞서 말했듯 민간 전설로 팽조가 무이산에 오면서 무이차가 시작되었다는 이야기도 전해온다. 남북조 시대 도사인 도홍경의 "차는 사람의 몸을 가볍게 하고 환골하게 한다"는 말 등을 보면 도교는 주로 불로장생을 꾀한 것 같다. 금색다사의 왕홍(王鴻) 사장이 30년 된 대홍포를 내놓으면서 "이 차는 바로 약입니다"라고 한 말이 생각난다. 도교의 영향을 받은 것 같았다.

도교가 무이차에 끼친 영향은 매우 크다. 그것은 차나무 이름에서도 나타난다. 천유관(天游觀) 앞 노차수가 있다. 차나무 뿌리가 얽혀 있고 매년 10여 개의 어린 가지가 나온다. 차는 2~3량이 전부다. 차를 채취한 뒤 그 차를 천유관 시조 려동빈(呂同賓)에게 올리는 것으로부터 수확을 시작한다. 그래서 그 차를 '동빈차'라고 부른다.

무이산에는 수많은 꽃이 핀다. 그 꽃의 이름에서도 도교적 냄새가 강하게 풍긴다. 취동빈(醉洞賓), 금옥섬(金玉蟾), 노군미(老君眉), 옥모도(玉母桃), 불노단(不老丹), 수중선(水中仙) 등이 그것이다. 차와 도교의 연관성은 잠을 쫓는 데 차가 큰 역할을 한다는 점에서 알 수 있다. 수련 중에는 사람들이 잠을 잘 수 없다. 맑은 영혼상태를 유지해야 수련에 효과가 있기 때문이다. 차는 바로 도교 수련에 중요한 위치를 차지하고 있는 것이다. 무이산에 도교의 차가 유행한 것은 도사들이 차를 가꾸고 만들어 유차습관을 보편화한 점에서 비롯되었고, 바로 도교의 차가 발전할 수 있는 계기였다.

실제로 무이산 곳곳의 도교사원을 찾았을 때 능숙한 솜씨로 차를 우리는 도사들을 봤다. "자, 불로장생의 선약(仙藥)을 드십시오." 이렇게 시작된 도교의 차를 놓고 필자가 도원동 도사(주지)를 만났을 때 "무위진인의 선다도를 아느냐"고 묻자 매우 놀라워했다. 그처럼 도교의 차도 무이산에서는 명멸

되어 버린 뒤였다. 그러나 필자가 도교차를 말하면서 무이산에 도교의 차가 되살아났다. 그 방증으로 도원동 도관 앞에 매일 차를 올리기 시작했다는 점을 들 수 있다. 그것이 무이산 도교차가 부활하고 있다는 증거다.

만정봉 아래 천하의 선다도가 모였다

반 선생은 놀랍게도 무이진인으로부터 선다도를 전수받았고, 말차법이 선다도에서 출발했다는 사실 또한 밝혀내기에 이르렀다. 쓰촨성 몽정산 정상에 가면 '선다의 고향'이란 표석이 나온다. 2000년 전 서한 시대의 농부 오리진을 일러 감로보혜(甘露普慧) 선사라고 칭한다. 그를 기려 '선다의 고향'이라고 일컫는다. 몽정 감로차가 그로부터 시작되었다. 무이산의 팽조와 어떤 연관이 있는지는 차가(茶家)들이 밝혀야 할 과제이다. 도교의 차가 이슈로 떠오르는 이유는 불로장생의 선약이 알려지게 되면서 차계가 뜨겁게 달아오르고 있기 때문이기도 하다. 그러나 필자가 무이산의 도관을 두루 참방 했으나, 팽조가 선다도의 시조라고 기억하는 도사는 없었다. 오히려 그들은 도홍경이 차를 일으켰다고 말했다. 그도 그럴 것이 도홍경은 《본초경》을 집주했을 정도로 차에 해박했을 뿐 아니라 유·불·도 삼교에 능통했던 사람이다. 자는 통명(通明)이고, 단릉 말년에 출생, 아버지가 첩에게 살해된 사실로 인하여 일생을 결혼하지 않고 지냈다. 무이산시의 촌천상궁(村天上宮)의 임청(林淸) 도사를 만났을 때 그는 단박에 "육우의 《다경》이 쓰여지기 이전 도가의 차에 대한 비전을 도홍경 도사가 저술했다"는 말을 해왔다. 또한 청 말까지 도관에 차 공양을 올렸다는 이야기를 해왔다. 그러나 지금 무이산 도교의 차는 잊힌 것 같았다.

2007년 7월 중순 필자가 도원동을 찾아 도교의 차를 말한 뒤 개원고관 앞에 날마다 차를 올리기 시작한 것처럼 도가의 차도 뒤늦게 도사들이 깨닫고 비상, 비천하는 것 같았다. 비록 팽조가 무이차를 개안해냈다지만 과연 무이암차로 그 맥이 이어지는가 궁금했다. 그러나 놀랍게도 도교가 무이차에 끼친 영향은 차나무에 나타난다. 천유관 앞의 노차수가 바로 그것이다. 또한 '동빈차'라는 것이 있다. 전해오는 기록에 따르면 천유관의 재차의식은 대대로 숭안현령에게 고해졌다. 현령은 새벽녘 안개가 있을 때 찻잎을 채취, 법제한 뒤 제례 행사에 사용했다. 《민잡기》에는 '숭안현 성촌에 차나무 다섯 그루가 있는데 운려(雲呂) 사신이 심은 것으로 촌민들이 귀하게 여겼다'는 기록이 있다. 그처럼 도교에서는 차를 매우 신성하게 여겼다. 이는 차를 불로장생약으로 여겼기 때문이다. 또한 도사들이 차를 마시는 이유는 수련 중 잠을 쫓기 위해서였다. 차

무이산 도원동 도관. 여기가 도교차의 발원지이다. 도원동 바위 아래에는 야생차가 자란다.

를 마시면 영혼을 맑은 상태로 유지해주어 수련에 효과가 있다는 것이었다. 이는 불가의 수행자들과 일맥상통한다. 선승들이 차를 마시며 잠을 쫓아 정신이 맑아졌다는 고사와 같다. 그래서 차는 도교의 수련에 없어서는 안 될 정신적 음료로 자리잡았다. 필자가 도원동을 찾았을 때 한 도사가 능숙한 솜씨로 차를 우려내는 광경을 보았다. 그처럼 차는 필수불가결한 도교의 차라고 하겠다. 그러나 지금 도교의 차는 차이를 보이고 있었다. 한편 무이진인의 선다도의 비법이 밝혀지면서 도교의 차는 뜨거운 열풍 속에 다시 되살아나는 계기를 맞이했다.

반연구로부터 되살아난 선다도의 비밀

2007년 4월이었다. 대만 불광산사에서 열린 '제2차 세계선차문화교류대회'에서 반연구 선생과 첫대면이 이루어졌다. 그는 필자를 보더니 두루마리 한 장에 깨알처럼 쓴 선다도의 근원을 살펴 보여주었다. 놀랍게도 무이산의 시작은 팽조로부터 시작되었다고 기술하고 있었다. 그 내용을 읽어 내려가다가 필자는 깜짝 놀랐다. 송대 유행했던 말차도가 선다도에서 비롯된 사실로부터 팽조와 무위진인으로 이어지는 선다도의 맥을 잇고 있는 사실들까지 적나라하게 밝혀져 있었다. 그 내용을 살펴보자.

선조(仙祖) 전갱은 하, 상, 주 세 왕조에 걸쳐 중신(重臣)을 지낸 인물로, 지금의 장쑤성(江蘇省) 동산현(銅山縣)인 팽(彭) 땅에 봉(封)해졌기에 사람들은 그를 팽조(彭祖)라고 부른다. 팽조는 차로 기를 보양하여 800년을 넘게 살았고, 50명이 넘는 처첩을 거느렸으며, 수백 명에 달하는 자식을 두었다.

진(秦)나라 때에 팽조의 아들인 진인(眞人) 팽무와 팽이는 선차로 수명을 늘리는 비법을 시황제(始皇帝)에게 바쳤다. 하지만 시황제가 서복(徐福)을 만나게 되면서 그들은 남만(南蠻)의 땅으로 추방되고 말았다. 그들이 추방된 곳은 오늘날의 푸젠성 남쪽에 자리 잡은 곳이었다. 그곳에 정착한 팽무와 팽이는 토착 주민들의 낙후된 생활상을 보고 자신의 고달픔도 잊은 채 백 년이 넘는 세월 동안 그들에게 교화를 베풀었다. 그러나 그들은 부친의 장생(長生)에 대한 의지를 늘 기억하고 있었다. 그들은 부단한 수련을 통하여 마침내 그 정수를 터득하게 되었다. 또한 그들은 연단(煉丹)을 제조하던 산봉우리에 만정을 짓고 다른 고장 사람들에게 잔치를 베풀었다. 나중에 그들은 많은 사람들 앞에서 백일승천(白日昇天)하였다. 그 고장 사람들은 그들의 교화에 감사하여 그들이 살던 산을

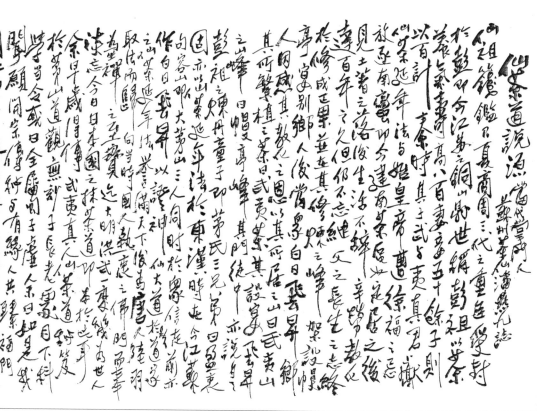

'무이산(武夷山)'이라고 명명하고, 그들이 번식시킨 차를 '무이차(武夷茶)'라고 명명하였으며, 그들이 잔치를 열고 백일승천한 산봉우리를 '만정봉'이라고 명명하였다.

그들의 제자 가운데는 자신이 팽조의 연단동자(煉丹童子)였다고 하는 사람들이 있었다. 바로 모씨(茅氏) 삼형제로, 이름은 모영(茅盈), 모충(茅衷), 모고(茅固)였다. 모씨 삼형제 역시 선차로 수명을 늘리는 방법을 사용하였다. 동한(東漢)시기에 지금의 장쑤성 구용산(句容山), 즉 대모산(大茅山)에 거주하였다. 모씨 삼형제는 많은 신도들 앞에서 한꺼번에 백일승천함으로써 자신들의 선도(仙道)를 보여주었다. 그리하여 도가(道家)의 선다법으로 수명을 늘리는 비법은 세상에서 큰 명성을 얻게 되었다. 훗날 당나라의 육우(陸羽)도 이 비법을 배웠다.

불교에 심취하였던 당나라 사람들은 선다법을 좌선(坐禪)에 있어서의 지극한 보배처럼 여겼다. 하지만 명(明)나라 홍무(洪武) 연간에 이르러 이는 세상 사람들 사이에서 아득히 잊히고 만 것 같았다. 지금 일본의 말차법(抹茶法)은 바로 선다도에서 비롯된 것이다.

오늘날 일부 차학자들은 이것이 전혀 근거 없는 것이라고 하지만 반연구 선생은 그가 들었던 바를 기록했다고 밝히고 있다. 그렇다면 무이진인이 떠난 도교의 차는 무이산에 어떤 영향을 끼치고 있는지 계속 밝혀본다.

무이산 차문화 발전에 지대한 영향을 끼친 도교의 차
도교에는 선단술이 있듯이 차 또한 불로장생약이라고 불렀다. 도교가 무이암차에 끼친 영향은 무이산의 차나무 이름에서도 각인된다. 무이산 천유관 앞에 노차수가 있다. 이 찻잎을 따서 차를 만들어 려동빈에게 올렸다는 이야기도 전해진다. 그 차를 '동빈차'라 불렀다.

그처럼 무이암차의 발전과정을 살펴보면 초기에는 도교와 융합하여 발전한 것 같다. 무이암차는 명(明)과 원(元) 이 두 나라 두 왕조에 걸쳐 공차의 중심이 되었고 명성을 얻었다. 그러다가 당나라 정원(貞元) 연간에 천심영락선사가 무이산에 세워지면서 상황은 급변했다. 도가에서 불가로 차의 중심이 옮겨가는 순간이었다.

무이산의 구룡과(九龍窠)의 절벽 사이에 여섯 그루의 모수(母樹)가 있었는데 이를 '대홍포(大紅袍)'라 불렀다. '차(茶)의 왕(王)'으로 불리는 대홍포는 명나라 말기 세상에 모습을 드러냈다. 천혜의 자연경관에 암골화향의 암운을 간직하고 있었다. 건륭(乾隆)황제가 무이산에 왔다가 대홍포 차로 잔병을 치유했다는 이야기가 퍼져나가면서 대홍포는 그 뒤로 세상에 널리 알려지게 되었다.

그 차의 중심이 영락선사였다. 그 뒤부터 영락선사와 대홍포는 떼려야 뗄 수 없는 관계가 되었다. 대홍포를 채취할 때 향을 피우고 경을 외웠다. 이는 불가에 전해온 제다법으로, 찻잎을 매우 신성시했음을 보여주는 사례이고, 지금도 천심영락선사에는 찻잎을 덖을 때 주문을 외우는 풍속이 남아있다.

여기까지 살펴보건대 도가의 차는 불로장생에 기반을 두고 있음이 드러난다. 그 발원지는 무이산으로, 팽조가 일으킨 도가의 차는 아산도인을 거처 반 연구에 의해 비로소 열매를 맺었다고 생각할 수가 있다. 그는 정의의 사도처럼 잎차를 가루 내어 우려낸 말차를 세계에 전파하고 있다.

차와 문화를 이야기한 《세계의 차인》

공종원(언론인)

《세계의 차인》은 참으로 놀라운 기획이다. 인류가 차를 알고 마시기 시작하여 차의 문화가 형성된 이래로 일찍이 존재하지 않았던 기획이기 때문이다. 차와 차문화를 이야기하고 특수한 차인을 소개하는 책은 더러 있었지만 '세계의 차인'을 한데 모아 소개하면서 이들의 차에 대한 생각과 차생활, 그리고 차에 관한 사상을 통괄적으로 조망하는 저술은 이것이 처음이라고 생각한다.

이런 놀라운 기획이 가능했던 것은 차 전문지 〈차의 세계〉와 저자 최석환의 공적이다. 세상에 차 전문 잡지는 적지 않고 또 차에 대해 연구하는 이 또한 적지는 않다. 그래서 시시때때로 차를 이야기하고 차문화를 이야기하며 차의 정신을 거론하는 경우는 흔하다고 할 수 있다. 이런 저런 특색 있는 차인을 소개하는 경우도 적지는 않다. 하지만 이런 단편적인 차인소개의 차원을 뛰어넘고, 한 나라의 국경 안에서 찾을 수 있는 차인이라는 한계를 뛰어넘어 '세계의 차인'을 한 책으로 묶어 본다는 생각을 한다는 것은 여간 큰 역량이 없으면 안 되는 일이다.

세계의 차인에 대해 혹 포괄적으로 체계 있게 연구한다고 해도 직접 차인 당사자를 접하지 못하고 정리하는 경우에는 주변만 돌면서 핵심을 찾지 못하거나 황당한 오류를 범하는 경우가 많다. 그 점에서 《세계의 차인》은 이 책의 저자가 직접 차인을 만나 인터뷰하고 차인의 차생활과 차 정신, 차 사상을 확실하게 꼬집어 질문하여 대답을 이끌어내고 있다는 점에서 놀라운 성과물이다. 대면 인터뷰의 경우에 질문이 핵심을 벗어나 변죽만 울리는 식으로 겉도는 경우엔 만사휴의(萬事休矣)로 끝날 수도 있다. 다행인 것은 저자가 다년 간 불교를 연구하고 아울러 차까지 탐구한 선객(禪客)이며 차인(茶人)이라는 사실이다. 그는 선문화 전문 잡지 〈선문화(禪文化)〉와 차 전문 잡지 〈차의 세계〉를 벌써 여러 해 동안 발행한 이 분야의 뛰어난 전문가라고 할 수 있다.

하지만 아무리 전문가라도 전문가끼리만 알아들을 법한 이야기를 하는 것만으로는 재미가 없다. 차 전문가뿐만 아니라 차에 대해 관심을 가진 일반 독자가 읽어서 재미있고 차와 차인의 생활과 정신세계를 이해할 수 있는 책이 아니면 안 될 것이다. 그 점에서 《세계의 차인》은 독자가 차와 차의 정신을 이해하는 데 적지 않게 도움이 될 것 같다.

이 책을 읽으면 독자는 자연스럽게 차의 역사를 알게 되고 한국과 중국, 일본과 대만의 차문화와 차 정신을 깨우치게 될 것이며 나아가서 여러 나라의 최고 차인이 지향하는 것이 무엇인가를 깨닫게 된다. 그리고 이들의 차 생활과 차문화, 차 사상의 차이가 큰 것처럼 알려져 있지만 결국은 서로 통하고 하나로 일치하고 있다는 것도 알게 된다. 그것이 이 책의 공로이며 성과라고 할 수 있을 것이다.

세계 각국이 각기 차를 생산하고 판매하여 이익을 얻는 데에 열을 올리고 있는 와중에서 차의 세계에 전쟁과 같은 살벌함이 존재하는 것은 엄연한 현실이다. 하지만 중요한 것은 그런 차 산업과 차 판매의 경쟁을 뛰어넘어 존재하는 차 그 자체와 차문화, 그리고 차의 정신과 차의 사상일 것이다. 한국과 중국, 일본과 대만이 주요한 차 생산국이면서 오랜 역사를 통해 차생활과 차문화를 성숙시켰다는 점은 그래서 주목되어야 한다. 또 이 책에서 다루고 있는 세계의 열두 차인이 이 네 나라 사람이라는 점도 예사롭지 않다. 차를 논하는 데에는 차의 생산과 생활도 중요하지만, 차를 마시는 이의 정신과 차에 대한 사상이 무엇보다 중요하다는 실증적 증거이기도 하다.

이렇게 생각할 때 네 나라의 차인 열두 명은 대단한 특수성을 가진 인물이다. 오랜 역사를 통해 차를 생활화했던 동아시아 네 나라의 차문화를 대표하는 인물이며, 각기 자기 나라의 차문화의 배경에서 성장하였기 때문에 그 나름의 독특한 차의 정신과 사상을 표현하는 인물이다. 이들은 나라와 지역은 다르지만 거의 동시대에 살았던 인물이라는 점에서 공통된 차문화를 간직하고 있다. 그리고 거기에 그치지 않고 국가 간 교류를 통해 일관된 하나의 차 역사 속에서 숨 쉬고 있다고 할 것이다. 이 책을 다 읽은 독자는 차문화와 차의 정신은 하나로 이어져 있고 또 서로 영향을 주고받았다는 사실을 깨달을 수 있을 것이다. 그런 관점에서 《세계의 차인》이 비록 나라별로 인물을 구분하여 편집되었지만 필자는 역사를 통관하여 이들 차인의 모습을 독자와 함께 살펴 볼 필요가 있다고 본다.

《세계의 차인》의 저자가 말하고 있는 것처럼 차의 역사는 대략 5천 년 전으로 거슬러 올라간다. 어떤 이는 신농씨(神農氏)를 차를 발견한 이로 거론하고 어떤 이는 서한(西漢) 말에 차를 끓여 마시기 시작한 왕포(王褒)를 차의 시조로 받들기도 한다. 그렇지 않으면 서한 시대의 농부 오리진(吳理眞)을 다선(茶仙)으로 받들기도 한다. 후세에 그는 감로보혜(甘露普慧) 선사가 되어 쓰촨성 몽정산(蒙頂山)에 들어가 선차(仙茶)의 비조가 되었다고 한다.

하지만 이 책에서 만주족 출신의 차인 구단(寇丹)은 역사를 훨씬 내려잡아 765

년《다경(茶經)》을 완성한 육우(陸羽)를 '다신(茶神)'으로 모신다. 육우는 당나라 현종 때 안사의 난이 났을 때 고향 후베이성 천문을 떠나 호주(湖州)로 와서 그곳에서 시승(詩僧) 교연(皎然)과 교우하면서 차에 심취하여 마침내《다경》을 완성할 수 있었다. 《다경》이 알려지면서 차가 세상에서 제대로 평가되기 시작하였으며 당나라 시대에 다도가 성행하는 문화적 기초인 선풍(禪風)과 결합하여 차의 전파가 크게 이루어졌다.

이 시대에 '끽다거(喫茶去)'의 공안도 나왔다. 1200년 전 당나라 시대의 선승 조주(趙州, 778~897) 선사가 도를 묻는 스님에게 '차나 한 잔 드시게'라고 말한 데서 유래한 선어(禪語)다. 그러나 조주의 '끽다거'가 나오기까지는 당대 선원(禪院)의 차 생활이 전제되고 특히 마조(馬祖) 선사의 '평상심(平常心)'이나 그를 이은 백장회해(百丈懷海) 선사의 '청규(淸規)'를 간과해서는 안 된다. 《백장청규》에 의해 사찰에서 급식행다(給食行茶)가 엄밀하게 실행되었으며 끽다작법(喫茶作法)도 만들어졌던 것이다.

백장회해(720~814) 선사는 '농선병중(農禪幷重)'을 제창하고 몸소 실천했다. '하루 일하지 않으면 하루 먹지 않는다'는 '일일부작 일일불식(一日不作 一日不食)'의 실천도 철저히 이뤄졌다. 철저한 농차(農茶) 정신과 보차의식(普茶儀式)도 지켜졌다. 보차회는 차의 맛이 선의 맛에 빠져드는 의식의 일종이다. 중국에서는 선칠안거(禪七安居) 수행이라는 수행법을 지금도 지키고 있다. 7일씩 49일간의 안거 수행을 말하는 것인데, 그 기간 동안 의심나는 화두를 방장 스님에게 묻는 의식이다. 그때 차와 과일이 나온다. 의심이 없으면 그냥 차나 과일을 먹고 의심이 있으면 방장 스님에게 선문답을 던진다.

이 같은 중국선종의 특징인 선농병중의 전통과 보차회의 전통은 근래 허운(虛

雲, 1850~1959) 대사를 거쳐 일성(一誠) 스님과 정혜(淨慧) 스님으로 이어지고 있다. 중국 선종사찰에서는 지금도 매년 명절이면 보차를 마시며, 선당 안에서는 매일 세 번의 차를 마신다.

송대의 고승 원오극근(圓悟克勤, 1063~1135) 선사는 송나라에 유학 온 일본인 제자에게 '다선일미(茶禪一味)'라는 4자진결(眞訣)을 써주었다. 이것이 일본으로 건너가 마침내 일본 다도의 정신으로 자리 잡았다.

하지만 그 다선일미의 정신을 중국에서 찾을 수 없는 것은 아니다. 허운 대사를 이어 위앙종과 임제종 법맥을 이은 일성 스님은 "중국불교의 농선병중 정신과 선다일미 정신을 마조 선사의 '평상심의 도'와 접목하여 21세기 중국불교의 기본으로 삼고자 한다"고 말했다. 중국불교를 다선(茶禪)의 정통으로 이끌어 갈 생각이라는 것이다.

허운 대사의 운문종 법맥을 이은 정혜 스님은 "허운 대사의 뜨거운 가르침과 선농일치의 노동정신이 인생을 진정으로 이끌어준 등불이었다"고 했다. 그는 '끽다거' 공안으로 천하 대중을 제접한 조주 선사의 사상적 고향인 허베이성 백림선사(柏林禪寺)에서 '생활선불교'를 주장하며 '각오인생 봉헌인생(覺悟人生 奉獻人生)'이란 기치를 높이 들었다. 그가 이끄는 생활선대회에는 반드시 보차회가 중심이다. 그는 선차표연(禪茶表演)의 형식보다 선다일미가 가지고 있는 사상적 측면에 몰입해야 한다고 한다. 찻집은 많지만 차가 무엇인지 다도가 무엇인지 모르고 경제적 이득에만 매달리는 세태를 개탄하는 것이다. 그는 차와 선이 결코 둘이 아니며 차를 마시는 것이 바로 선을 마시는 것이 되어야 한다고 강조한다. 그리고 구단은 다선일미의 정신을 계승하여 이를 생활화하면 나아가 세계 평화의 길이 이뤄질 수 있다고 확신한다.

스님이 중심인 중국의 선객과는 별도로 중국 차계를 움직인 10성 가운데 오각농(吳覺農)을 계승한 거사 장천복(張天福)이 있다. 그는 근래 차 산업을 일으킨 공로로 '차업대사(茶業大使)' 혹은 '장차학(張茶學)'으로 불리는 이다. 육우가 차의 정신을 몸을 근신하여 간소한 생활을 하면서 나날이 정진 노력한다는 뜻의 '정(精)·행(行)·검(儉)·덕(德)'으로 표현하였지만 장천복은 '검(儉)·청(淸)·화(和)·정(靜)'으로 중국다예를 압축하였다. 근검절약하고 청렴결백하여 마음을 화평하게 하여 심성을 안정시킨다는 것이다. 차의 정신이자 중화인의 숭고하고 고상한 품성을 드러내는 처세철학이다.

한국에서도 다선일미와 끽다도의 정신 그리고 차선병중의 전통은 그대로 이어진다. 한국에서 차는 한동안 단절의 아픔을 겪었다. 그것이 18세기에 이르러 초의(草衣) 선사에 의해 되살아났다. 특히 선종 차의 전통은 백양산문에서 오롯이 계승되어 뚜렷하게 남아있다. 백양산문의 선종차는 학명(鶴鳴) 선사의 '반농반선(半農半禪)'에서, 《백장청규》의 정신을 이어받은 만암(曼庵) 선사를 거쳐 차를 생활화한 서옹(西翁) 선사에게서 확연하기 때문이다.

서옹 선사는 임제의 무위진인(無位眞人)을 이어 '참사람' 운동을 편 한국의 대표적 선승이다. 그는 백양산문이 진묵·학명·만암 선사 등에 의해 차선일여의 정신으로 차와 선을 하나로 보는 입장을 이어받았다고 평소에 말하곤 했다. 그는 《벽암록(碧巖錄)》을 저술한 원오극근 선사가 '다선일미' 네 글자를 일본인 제자에게 써준 것이 일본 나라(奈良)의 다이토쿠지에 수장된 후부터 일본차의 정신으로 발전된 상황을 지적한다. 뒷날 무라다쥬코우가 다선일여(茶禪一如)를 들고 나온 것도 결국 그 영향이라고 한다. 따라서 한국의 차문화도 행다나 의식을 중시하기보다 정신문화로 거듭나야한다고 본다. 선을 바탕으로 차를 생활화하면 한국의 다도도 큰 발전을 이룩하리라는 전망이다.

백양사 행다법을 실제로 전수한 이는 수산(壽山) 스님이다. 정신적으로는 만암 선사의 선다일미 정신에 영향을 받았지만 원래는 학명 선사의 내장선원규약(內藏禪院規約)에 따라 선원의 목표를 반선반농으로 하되 학문과 노동, 좌선과 병행하여 수행을 한다는 규약을 지켰다. 그리하여 수산 스님은 백양사 선다의 특징은 반드시 승려가 되려면 다각승(茶角僧)이 되어야 한다는 점을 들었다. 거기에 차를 마시며 법거량을 하는 생활 수행을 일상화해야 한다는 것이다. 그의 일상은 일종의 보차회의 성격이 두드러졌다. 매월 15일을 전후로 선방의 대중을 대중방으로 불러 방안에 둘러앉아 차를 따르게 했다. 만약 스승과 거량을 하고 싶지 않으면 찻잔을 엎어 버렸다. 만암 선사 당시에는 차 마시는 것만이 아니라 차를 따는 일도 수행으로 생각했다. 그는 특히 구증구포(九蒸九曝)의 전통 제다법으로 차를 만드는 모범을 보인 점에서 특별한 수행승이다. 수산 스님은 서옹 선사에 이어 백양사 방장이 되어 백양문중의 선다일미 정신을 실천하고 있다. 백양사의 수행은 차를 선수행의 일상다반사로 만들고 있는 점에서 군말을 끊어버린다.

하지만 한국에서도 김의정(金宜正) 차인은 한국의 다도를 체계화하고 차를 문화의 중심에 두어 예의 근본으로 승화시킨 점에서 그 위치가 뚜렷하다고 할 것이다. 그의 어머니 고 명원(茗園) 김미희 선생은 일찍이 차의 4대 덕목을 들어 '청정(淸淨)·검덕(儉德)·중화(中和)·예경(禮敬)'이라고 말한 바 있다. 그 정신을 계승한 김의정 차인은 "우리의 다도에는 일본이나 중국이 흉내 낼 수 없는 우리만의 독특한 차문화가 살아있다"면서 "우리의 다례를 살려 세계의 차문화로 성장시키는 노력이 절실하다"고 다짐한다.

일본의 다도 정신은 두말할 것도 없이 원오극근 선사의 '다선일미'에서 비롯하였다. 하지만 일본의 다도는 14세기 무로마치막부 시대에 유행하기 시작하여 무라다쥬코우(村田珠光, 1422~1591)가 새로운 차법인 초암차(草庵茶)를 고안한 뒤 다케노죠오를 거쳐 센리큐(千利休, 1522~1591)가 와비차를 대성시켜 새로운 경지를 열었다. 센리큐는 무인(武人)이자 권력자인 오다노부나가나 도요토미히데요시에게 '차를 통해 무력이 아니라 마음으로 다스리라'고 가르쳤다. 그는 도요토미히데요시가 조선을 치려할 때도 일본에게 문화의 혜택을 준 조선을 파괴하는 것은 옳지 못하다면서 이를 반대했다. 그래서 도요토미히데요시는 분노하여 센리큐의 자결을 명했다. 센리큐는 차를 통해 화(和)·경(敬)·청(淸)·적(寂)을 가르쳤지만 '조화롭고 온화하며 서로 존경하고 모두를 평등하게 한다'는 뜻을 무인들은 이해하지 못했던 것 같다.

그렇게 성립한 일본의 다도정신은 센리큐 이래 500년을 이어 오모테센케(表千家)와 우라센케(裏千家), 그리고 무샤노코지센케류(武者小路千家流) 세 유파로 계승되었다. 우라센케 15대 이에모토(家元) 센겐시츠(千玄室)와 오모테센케의 이에모토 격인 히사다쇼야(久田宗也)가 최근의 대표 인물이다. 중국이 다예(茶藝)를 발전시키고 한국이 다례(茶禮)를 계승하였다면 이들은 와비차 전통으로 일본 다도(茶道)를 발전시켰다고 주장한다. 차를 통해 정신을 도야하고 마음의 평정을 찾는다는 대단한 자부심도 강조한다. 일본은 그런 다도정신의 자신감을 토대로 세계평화와 인류의 행복도 가능하다고 주장한다. 풍요롭고 평안한 정신의 힘을 믿기 때문이다.

여기에 일본인은 차만이 아니라 차를 담는 다기를 통해서도 다도의 효능을 극대화하려고 한다. 중국에서 보통 잡기로 취급되었던 티엔무(天目)다완과 한국에서 막사발로 취급되었던 고려다완의 아름다움을 발굴하여 실제 다도에 이용한 것은 일본 차인들의 안목이 있어 가능했다. 일본인은 고려다완 가운데서도 이도다완 같은 명품을 발굴하여 일본의 국보로 만들기도 했다. 그런 일본 차인의 미의식을 강조하는 노무라 미술관의 타니아키라(谷晃) 학예부장도 최고 차인이라 할 것이다.

대만의 차인 가운데는 불광산사(佛光山寺)의 개산주 성운(星雲) 대사를 들 수 있다. 그는 대만불교를 일으키면서 '인간불교의 종풍'으로 세계를 밝히자고 말한다. 그는 늘 평상심(平常心)과 부동심(不動心)을 실천하라면서 그 길은 오로지 다선일미의 정신에서 찾으라고 역설한다. 그는 인간불교가 특별한 것이 아니라 옛 조사들이 이미 말한 '우리 마음속에 내재한 본성을 찾는 것'이라고 한다. 마조선사의 평상심과 그 차가 천 년의 시간을 넘어 인간불교로 만나는 것은 귀한 인연이라는 말이다.

대만의 차인 반연구(潘燕九)는 특히 중국의 전통 선다도(仙茶道)를 계승한 사람이다. 그는 무이산 도인의 제자로서 선차를 계승하였다. 그는 중국차의 시원을 도가적인 양생차(養生茶)로 보고 무이진인이 잎차를 가루로 내어 냉수에 타서 마시는 방법이 중국의 정통 다법이라고 말한다. 따라서 그는 그러한 다법(茶法)을 지금 널리 보급시켜야한다고 주장한다. 선차와 다선이 결합하는 새로운 차문화가 미래의 차문화를 주도할 것으로 본다. 그는 "다즉선야(茶卽禪也), 차는 선이요, 선은 곧 차라고 말할 수 있다"고 서슴없이 말한다. 다선(茶禪)과 다선(茶仙)의 정신은 예술·종교·생활문화에서 두루 중요한 핵심요소라고 설명한다.

이렇게 볼 때 세계의 차인은 모두 자신의 고유한 정신적 깊이를 가지고 있다. 차를 생활화하고 차의 정신과 사상을 실천한 결과일 것이다. 하지만 이들 차의 고수들은 역사와 전통의 측면에서 살펴보면 서로 깊이 영향을 주고 받아왔다는 것을 알 수 있다. 차의 정신과 차의 사상은 하나로 이어지고 있다는 말이다. 이렇게 세계의 차인이 각기 동아시아 여러 나라를 대표하는 역사 문화적 특수성을 가진 것이 사실이지만 이들은 차의 정신과 차의 사상을 계승하고 있다는 점에서는 궁극적으로 하나로 모일 수 있으며 둘이며 여럿이 아닌 오직 하나라는 말이다.《세계의 차인》은 그런 소중한 가르침을 우리에게 전해준다고 할 것이다.

　차를 마시는 것은 찻물의 맛을 보기 위함이지만 차를 끓이고 차를 나누며 환담하는 과정에서 이루어지는 차인의 편안하고 안정된 마음가짐이 소중하다는 것은 동서양의 차인 누구나 인정하는 바다. 사랑하고 미워하고 화내며 슬퍼하며 좋아하는 사람의 마음을 차 한 잔을 마시며 편안히 쉬게 할 수 있다면 차는 참으로 큰 공덕을 이뤘다고 할 것이다. 차를 마시며 평상심이나 집중하는 마음이나 존중하는 마음이나 고요해지는 마음을 얻는 것은 소중한 체험이다. 차를 마시는 이가 그런 옛 선인의 고상하고 깊은 경지를 차를 통해 얻게 된다면 그보다 더 좋은 일은 없을 것이다. 차인들은 아마도 부처님께서 가섭에게 꽃 한 송이를 들어보였던 뜻을 이해하지는 못하겠지만 사바세계에서 차를 마시며 한 생각 놓아버리고 편안할 수 있는 것으로도 좋을 것이 아닌가 싶다. 차를 통해 최고의 경지에 이르렀던 세계의 차인을 만나 그들의 행적을 뒤쫓는 노력도 그래서 의미 있는 것이 아닌가 싶다.

世界의 茶人

지은이 ┃ 최석환
펴낸곳 ┃ 월간 〈차의 세계〉
펴낸이 ┃ 최석환
편 집 ┃ 정연화, 최현주
디자인 ┃ 김세연

2008년 8월 30일 초판 인쇄
2008년 9월 30일 2쇄 발행

등록 · 1993년 10월 23일 제 01-a1594호
주소 · 서울시 종로구 운니동 14번지 미래빌딩 4층
전화 · 02) 747-8076~7, 733-8078
팩스 · 02) 747-8079
ISBN 978-89-88417-55-0 03300

값 25,000원